Antichi racconti nordici

Scopri gli dèi, le dee e i giganti dei Vichinghi: Odino, Loki, Thor, Freia e altri (Libro per alunni e giovani lettori)

Da Student Press Books

Tabella dei contenuti

Introduzione

Scopri i vecchi racconti e gli dei nordici - Mitologia per ragazzi/e dai 12 anni in su.

Benvenuti nella serie Mitologia accattivante. Questo libro ti presenterà gli dèi, le dee e i giganti dei vichinghi attraverso la raccolta dei profili di Odino, Thor, Loki, Baldur, Frigg, Freia, Freyr e molti altri!

Unisciti a Thor nelle sue mille avventure e impara a conoscere i corvi di Odino, gli inganni di Loki e la storia di Freia che vola giù da Asgard a Midgard, salutando le donne che incontra lungo la strada. Grazie alle sue immagini suggestive, corredate da testi informativi e fatti sulla mitologia, ti divertirai un sacco a leggere questo libro di antiche storie nordiche.

Antichi Racconti Nordici è il libro perfetto per chiunque sia interessato a conoscere il contesto storico-culturale: è ricco di dettagli sulle versioni classiche delle storie su Odino, Thor, Loki e molti altri. Ma se non sei uno studioso (né un vichingo), non preoccuparti! Queste antiche storie sono state tradotte con un linguaggio semplice, in modo che chiunque possa impararne gli importanti messaggi.

Non è solo Thor a falciare i suoi nemici con il suo martello distruttore! Qui ci sono tutte le tue divinità minori preferite: Bragi, Freia, Forseti, Heimdallr e Njord. Se vuoi conoscere la mitologia nordica, questo è il libro che fa per te.

Questo libro della serie Mitologia accattivante comprende:

- Mitologia nordica - Esplora i regni degli dèi norreni: Asgard, Valhalla, Hel e tanti altri.
- Affascinanti biografie degli dèi nordici - Scopri di più su queste divinità e sui loro poteri.
- Ritratti vivaci - Fai rivivere questi dèi nella tua immaginazione con l'aiuto di immagini avvincenti.

Sulla serie: La serie Mitologia accattivante di Student Press Books presenta nuove prospettive sugli antichi dèi che ispireranno i/le giovani lettori/lettrici a considerare il loro posto nella società e a conoscere la storia.

Il tuo regalo

Hai un libro nelle tue mani.

Non è un libro qualsiasi, è un libro della Student Press Books! Scriviamo di eroi neri, donne che danno potere, mitologia, filosofia, storia e altri argomenti interessanti!

Dato che hai comprato un libro, vogliamo che tu ne abbia un altro gratis.

Tutto ciò di cui hai bisogno è un indirizzo e-mail e la possibilità di iscriverti alla nostra newsletter (il che significa che puoi cancellarti in qualsiasi momento).

Allora, cosa stai aspettando? Iscriviti oggi e richiedi il tuo libro gratis all'istante! Tutto quello che devi fare è visitare il link qui sotto e inserire il tuo indirizzo e-mail. Ti verrà inviato il link per scaricare subito la versione PDF del libro in modo da poterlo leggere offline in qualsiasi momento.

E non preoccupatevi - non ci sono fregature o costi nascosti; solo un buon vecchio omaggio da parte nostra qui a Student Press Books.

Visita subito questo link e iscriviti per ricevere la tua copia gratuita di uno dei nostri libri!

Link: https://campsite.bio/studentpressbooks

Mitologia norrena

Audhumia

Scritto anche Audhambla o Audhumla.

La mucca che ha creato Buri leccando il ghiaccio

Una mucca primordiale che nacque dallo scioglimento dei ghiacci all'inizio dell'universo. Audhumia (Nutrice) fu responsabile della formazione dell'uomo primordiale da cui discesero tutti gli dei, e nutrì anche il gigante primordiale da cui discesero i giganti del gelo.

L'origine di tutto, credevano i nordici, era una voragine sbadigliante chiamata Ginnungagap. L'estremità settentrionale di questa voragine era piena di enormi quantità di ghiaccio e di rime, in un vasto deserto ghiacciato chiamato Niflheim.

L'estremità meridionale della voragine era una vasta regione di fuoco chiamata Muspelheim. Tra i due, dove la fredda nebbia di Niflheim incontrava le scintille calde di Muspelheim, si verificò uno scongelamento, e le gocce di ghiaccio che si scioglievano formarono il primo gigante, Ymir (o Aurgelmir, "Seether del fango").

Dopo la creazione di Ymir, le gocce formarono un altro essere, un'enorme mucca. Secondo la 'Prosa (o Giovane) Edda', "La cosa successiva, quando la rima gocciolò, fu che da essa nacque una mucca chiamata Audhumia, e quattro fiumi di latte sgorgarono dai suoi capezzoli".

Ymir era in grado di nutrirsi del latte che scorreva dalle mammelle di Audhumia. Ma quando Ymir dormiva, cominciò a sudare. Da sotto il suo braccio sinistro uscirono un uomo e una donna, mentre i suoi piedi si accoppiarono tra loro e produssero un figlio. Da queste creature discese la razza degli jotun, o malvagi giganti del gelo.

Audhumia si nutriva leccando i blocchi di ghiaccio pietrosi, che avevano un sapore salato. Nel punto che leccava, alla fine del primo giorno emersero i capelli di un uomo. Continuò a leccare e la sera del secondo giorno apparve una testa.

Il terzo giorno l'uomo intero emerse. Era Buri (scritto anche Bure o Bori). Era forte, bello e buono. Aveva un figlio chiamato Bor, che sposò una gigantessa di nome Bestla. Ebbero tre figli, Odino, Vili e Ve, che furono i primi della razza degli dei. Erano gli eterni nemici dei giganti del gelo, e nella prima battaglia tra loro, i tre fratelli uccisero Ymir; dal suo corpo crearono il mondo, il mare e il cielo.

Domande di ricerca

1) Se gli dei nordici sono reali, chi vorresti invitare a cena questa sera?
2) Chi sarebbe il miglior dio nordico con cui andare in vacanza?

Buri

Si scrive anche Bori o Bure.

Dio degli dei

Buri è il progenitore degli dei. Era il padre di Bor e il nonno del dio principale, Odino.

Secondo la 'Prosa (o Giovane) Edda', Audhumia, una mucca enorme, fu creata all'inizio del tempo. Si nutriva leccando blocchi di ghiaccio pietrosi, che avevano un sapore salato per lei. Nel punto che leccava, il pelo di un uomo emerse alla fine del primo giorno. Continuò a leccare e la sera del secondo giorno apparve una testa. Il terzo giorno emerse l'uomo intero. Era Buri. Era forte, bello e buono. Buri aveva un figlio, Bor, che sposò una gigantessa di nome Bestla. Ebbero tre figli: Odino, Vili e Ve. Questi furono i primi della razza degli dei.

Domande di ricerca

---

1) Se tu dovessi essere un dio o una dea nordica, chi sceglieresti e perché?
2) Come si diventa un dio nella mitologia norrena?

Bor

Si scrive anche Bur.

Il figlio di Búri, architetto di Asgard

Bor è uno degli esseri più antichi. Bor era il figlio di Buri ed era il padre degli dei Odino, Vili e Ve.

Nella letteratura sopravvissuta si parla poco di Bor. Egli sposò Bestla, una figlia dei primi giganti del gelo, e i loro tre figli furono l'inizio della razza di divinità conosciuta come Aesir, gli dei principali dei vichinghi.

Nella letteratura nordica, Odino e i suoi fratelli, che in seguito crearono i primi esseri umani, sono spesso indicati come i figli di Bor.

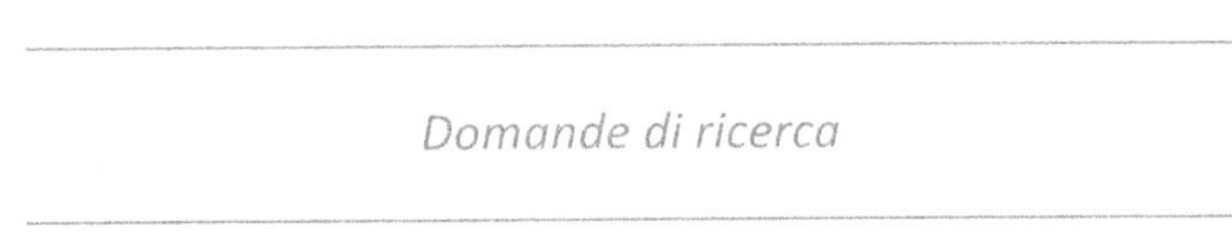

Domande di ricerca

1) Quali sono i miti scandinavi che ti piacciono di più?
2) Qual è un'idea sbagliata comune su questi miti?
3) In che modo gli dei nordici sono diversi dalle divinità greche?

Valchirie

Bellissime fanciulle che scelgono gli eroi da uccidere in battaglia e li conducono al Valhalla

Le valchirie sono figlie del dio principale Odino, spesso chiamate le fanciulle di Odino, erano chiamate le valchirie (antico norreno Valkyrjr, "selezionatrici degli uccisi"). Al suo ordine, esse volavano sui loro cavalli sui campi di ogni battaglia per scegliere le anime degli eroici morti. Portavano queste anime nel Valhalla, la sala dei banchetti di Odino nel regno celeste di Asgard.

Lì i guerrieri diventavano membri degli Einherjar, i compagni di Odino e la banda di combattenti. Le valchirie avevano anche il potere di determinare chi sarebbe stato il vincitore e chi lo sconfitto in tali conflitti. La credenza nell'esistenza di magiche cavallerizze del cielo era diffusa in Scandinavia e nelle culture germaniche, anche se venivano chiamate con nomi diversi.

Le valchirie erano rappresentate come giovani, belle, ma feroci donne che vestivano splendidamente in armatura completa e spade quando cavalcavano i loro cavalli. Potevano anche trasformarsi in lupi o corvi. I vichinghi credevano che quando un guerriero coraggioso stava per morire nel mezzo della battaglia, avrebbe visto improvvisamente la figura di una valchiria, lì per portarlo in cielo e trasportarlo nel Valhalla. Per tutti gli altri nella mischia, sarebbe rimasta invisibile. Prima delle battaglie, si invocava il nome di Odino, affinché mandasse le valchirie a scegliere i migliori tra i combattenti che sarebbero morti.

I nomi delle valchirie variano nella letteratura sopravvissuta. Tra loro c'erano Hrist (Shaker) e Mist (Nebbia), che portavano a Odino il suo corno, Skeggjold (Ax Time), Skogul (Raging), Hild (Warrior), Thrud (Might), Hlokk (Shrieking), Herfjotur (Host Fetter), Goll (Screaming), Geirahod (Spear Bearer), Randgrid (Shield Bearer), Radgrid, Reginleif, Gunn (Battle), e Rota. Anche Skuld, la più giovane delle Norne, cavalcava con le valchirie. Anche la dea Freya sorvegliava i campi di battaglia alla ricerca di anime valorose, in un carro guidato da due gatti; in accordo con Odino, lei stessa aveva diritto alla metà degli eroi morti, portandoli non nel Valhalla, ma nella sua sala dei banchetti, Sessrumnir.

Quando non raccoglievano anime dai campi di battaglia, le valchirie passavano il loro tempo nell'enorme sala dorata del Valhalla, abbastanza grande da contenere tutti i guerrieri che le valchirie avrebbero portato lì. Nel Valhalla, il ruolo delle valchirie era quello di servire birra e idromele a Odino e agli Einherjar, che festeggiavano e si impegnavano in sacre e rauche bevute.

La più famosa delle valchirie era Brynhild (conosciuta anche come Brünnehild, Brunhild o Brunhilda), che appare in numerosi miti e leggende. Secondo la 'Volsunga Saga' islandese era la leader delle valchirie. Sebbene fosse la preferita di Odino, una volta disobbedì ai suoi ordini su chi dovesse vivere e chi dovesse morire, e così incorse nella sua ira. Egli la punì mettendola in un sonno magico, circondata da un anello di fuoco. Solo un eroe abbastanza coraggioso da sfidare le fiamme avrebbe avuto il potere di risvegliarla.

Domande di ricerca

1) Quali sono i vantaggi o gli svantaggi di essere a Valhalla?

2)   Pensi che il Valhalla sia una buona idea per la società?

Brynhild

Si scrive anche Brunhild.

Una guerriera, una delle Valchirie e figlia di Odino

Brynhild è una delle valchirie, figlia del dio principale Odino. Secondo l'epica Volsunga Saga, era la preferita di Odino finché non gli disobbedì. Egli la mise a dormire circondata da un anello di fuoco, che solo l'eroe più coraggioso poteva attraversare. In alcune leggende nordiche, la fanciulla soprannaturalmente potente era figlia del re Buthli e sorella di Atli, re degli Unni.

Nella tradizione norrena, l'eroe Sigurd, dopo aver ucciso il drago Fafnir, cavalcò il suo cavallo, Grani, attraverso le fiamme che circondavano Brynhild. Quando egli estrasse la sua spada e le tagliò la cotta di maglia, Brynhild si svegliò. I due si innamorarono e passarono tre notti insieme, con la spada di Sigurd tra di loro mentre dormivano.

Sigurd diede a Brynhild l'anello magico dei Nibelunghi prima di andare alla corte del re Giuki, dove gli fu data una bevanda magica che gli fece dimenticare la sua promessa a Brynhild. Col tempo sposò la figlia di Giuki,

Gudrun, e poi aiutò il fratello di Gudrun, Gunnar, a conquistare Brynhild
per sé.

Sigurd accompagnò Gunnar all'anello di fuoco di Brynhild. Il cavallo di
Gunnar si rifiutò di saltare nel cerchio di fuoco. Travestito da Gunnar,
Sigurd cavalcò tra le fiamme senza esitare. Ingannata nel pensare che
fosse Gunnar a dimostrarsi degno della sua mano, Brynhild sposò Gunnar.

Ignorando che al suo amore Sigurd era stata data una pozione per
dimenticarla, Brynhild si rassegnò infelicemente al suo matrimonio con
Gunnar. Ma quando Brynhild scoprì come era stata ingannata per sposare
Gunnar, la sua umiliazione e il suo risentimento si trasformarono in vero e
proprio odio contro Sigurd. In alcune versioni, Brynhild incitò Hogni,
fratello di Gunnar, ad uccidere Sigurd, in altre Hogni e Gunnar convinsero
il fratellastro Guttorm a commettere l'omicidio. Brynhild, raggiunta la sua
ricerca di vendetta contro Sigurd, si pugnalò e fu bruciata sulla pira
funeraria di Sigurd.

Brynhild è chiamata Brunhild nell'epica germanica Canto dei Nibelunghi
(Nibelungenlied). La versione germanica enfatizza la sua perdita delle
capacità magiche nel momento in cui si sottomette ad un uomo, la sua
gelosia corrosiva contro Kriemhild, la moglie di Sigfrido (Sigurd), e la sua
impetuosa volontà di vendetta quando scopre di essere stata ingannata e
di aver sposato l'uomo sbagliato.

Nel Canto dei Nibelunghi, Kriemhild e Brunhild discutono fuori dalla chiesa
sul loro status, poiché Brunhild è stata indotta a credere che Sigfrido sia
un vassallo di Gunther (Gunnar), quando in realtà è uguale a Gunther.
Quando si rende conto di essere stata ingannata, Brunhild convince Hagen
(Hogni) che dovrebbe uccidere Sigfrido.

Quando Gunther, Hagen e Sigfrido vanno a caccia nell'Odenwald, Hagen
trafigge con una lancia Sigfrido mentre si piega per bere da una sorgente.
In questa versione, Brunhild è esultante alla notizia della morte di Sigfrido,
e non si suicida, come nella versione norrena, sulla sua pira.

Domande di ricerca

1. Chi sono altri famosi guerrieri del Valhalla?
2. Come si entra nel Valhalla?

Asgard
La dimora degli dei Aesir

Asgard è la dimora degli dei Aesir. Secondo Snorri Sturluson, autore della "Prosa (o Giovane) Edda", Asgard fu l'ultimo luogo creato dagli dei, dopo aver creato la terra, i mari, il cielo, Jotunheim (Giantland), Midgard (la Terra di Mezzo, che sarebbe diventata la casa degli umani) e le nuvole.

Asgard era una gigantesca fortezza posta su ripide scogliere che si ergevano al centro del mondo. Tutti gli dei e i loro discendenti vivevano lì. Era pensata come una cittadella torreggiante che correva su da Midgard, le sue mura erano così alte da scomparire tra le nuvole. Asgard doveva essere molto alta per tenerla al sicuro dall'invasione e dall'invasione dei nemici degli dei, i giganti del gelo.

Ad Asgard c'era il trono del re degli dei, Odino. Questo trono era chiamato Hlidskjalf ed era situato in un bellissimo prato chiamato Idavoll. Una sala chiamata Valaskjalf, fatta di argento splendente, fu costruita per circondare il trono. Quando Odino sedeva su Hlidskjalf, poteva vedere il panorama del mondo intero, il cielo e la terra, e tutto ciò che accadeva ovunque.

C'era anche una magnifica sala, fatta interamente d'oro puro, chiamata Gladsheim (Casa scintillante). Nel Gladsheim c'erano i troni per Odino e per i 12 dei più alti. Vingolf, la sala dell'amicizia, era la sala delle dee. Ogni giorno, gli dei e le dee si riunivano ad Asgard nella loro sede di giudizio al

Pozzo di Urd, per incontrarsi e discutere su ciò che accadeva nel mondo e su cosa, eventualmente, avrebbero dovuto fare al riguardo.

L'edificio più grande e famoso di Asgard era il Valhalla, la sala dei banchetti. Qui Odino teneva delle feste dove gli Aesir e gli Einherjar, le anime dei guerrieri che erano morti coraggiosamente in battaglia, mangiavano insieme in comunione e allegria. Valhöll, il termine antico islandese per Valhalla, significa "sala degli uccisi". C'erano due barriere significative alle entrate del Valhalla: Thund, un fiume ruggente, e Valgrind, una porta sbarrata.

La sala stessa era così grande che, secondo alcuni resoconti, aveva 540 porte. Ognuna di queste porte era così larga che eserciti di guerrieri potevano marciare tra i suoi portali 800 alla volta. (In altri resoconti, il Valhalla aveva ben 640 porte, ognuna abbastanza larga da ospitare 960 guerrieri). Le fanciulle di Odino, le Valchirie, raccoglievano le anime di questi valorosi guerrieri che erano stati fedeli a Odino mentre cadevano sui campi di battaglia, e le portavano al Valhalla. Gli uomini uccisi sarebbero stati in grado di riconoscere l'enorme sala mentre volavano verso di essa dalle sue travi fatte di lance e dalle tegole del tetto fatte di scudi. All'interno, le panche delle lunghe tavole del banchetto erano coperte da mantelli di posta.

Per raggiungere Asgard, si doveva viaggiare sul Bifrost, il ponte arcobaleno che collegava il regno degli dei a Midgard, la casa degli umani.

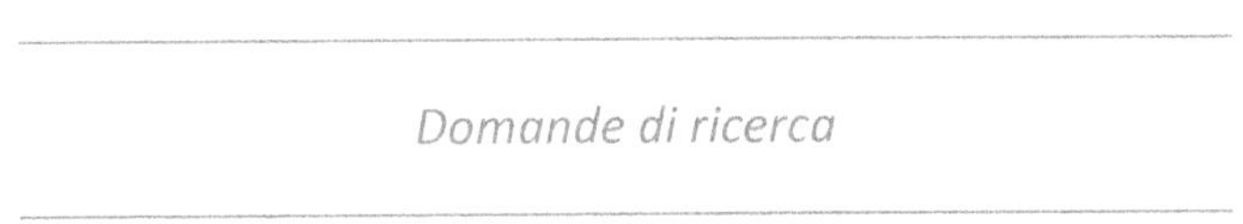

Domande di ricerca

1. Com'è Asgard?
2. Quali sono alcuni dei lavori che si possono fare ad Asgard?

Valhalla
La sala dei guerrieri caduti

Il Valhalla è la sala dei banchetti dove il dio principale, Odino, ospitava gli Einherjar, le anime dei guerrieri morti coraggiosamente in battaglia.

Il Valhalla era il più grande edificio di Asgard, la casa celeste degli dei, e costituiva uno dei 12 regni di Asgard. Lì gli Einherjar banchettavano in attesa della battaglia finale del mondo, il Ragnarok. Gli Einherjar furono portati al Valhalla dalle fanciulle guerriere di Odino, le Valchirie, che furono mandate da Odino a raccogliere le anime degli eroi che cadevano sui campi di battaglia.

Il nome Valhalla deriva dal termine islandese antico Valhöll, che significa "sala degli uccisi". I vichinghi nordici erano un popolo di guerrieri e nella loro religione guerriera le storie del Valhalla avevano un ruolo importante. Non c'era un altro "paradiso", e i guerrieri che non morivano valorosamente in battaglia andavano nel torbido e miserabile mondo sotterraneo. E a differenza del concetto cristiano di paradiso, il Valhalla stesso non era un luogo di ricompensa eterna.

A proteggere le entrate del Valhalla c'erano la barriera naturale del ruggente fiume Thund e la porta sbarrata Valgrind. Secondo un resoconto, la sala stessa era così grande che aveva 540 porte, ognuna delle quali era così larga che 800 guerrieri potevano marciare attraverso di essa fianco a fianco. Un altro resoconto pone il numero di porte a 640, ognuna abbastanza larga da ospitare 960 guerrieri.

L'enorme sala del Valhalla aveva travi fatte di lance e tegole fatte di scudi. All'interno della sala, le panche delle lunghe tavole del banchetto erano coperte da mantelli di posta. Le valchirie continuavano a portare sempre più guerrieri uccisi nella sala, ma c'era sempre abbastanza cibo e bevande per tutti.

Nel Valhalla, Odino riuniva ogni giorno i suoi campioni guerrieri intorno a sé. All'alba uscivano, vestiti con la loro cotta di maglia, e combattevano sulla pianura di Asgard per mantenere la loro abilità e prepararli al giorno in cui avrebbero combattuto la battaglia finale, Ragnarok. I guerrieri amavano queste battaglie, anche quando venivano feriti o uccisi in esse. Dopo l'allenamento, coloro che erano stati abbattuti si rialzavano miracolosamente, pronti a riprendere il combattimento il mattino seguente. Poi tornavano tutti nel Valhalla per banchettare e fare baldoria.

Le valchirie servivano il cibo agli Einherjar, e nel Valhalla c'era sempre cibo più che sufficiente. Ogni mattina, il cuoco Andrimne, o Andhrimnir, preparava uno stufato dalla carne del cinghiale Særimne, o Saehrimnir, nell'enorme calderone Eldrimne, o Eldhrimnir. Ogni sera il cinghiale era di nuovo intero e vivo e poteva essere cucinato di nuovo il giorno seguente.

C'era molto da bere in questo "paradiso" dei guerrieri. Gli Einherjar innaffiavano la loro carne con birra e idromele frizzante. L'idromele veniva prodotto come il latte dalle mammelle della capra Heidrun. Questa capra stava sul tetto del Valhalla, rosicchiando i rami dell'albero Lærad, o Laeradr. Le prodigiose quantità di idromele scendevano da Heidrun in un recipiente così grande che tutti avevano tutto quello che potevano desiderare di bere. Odino stesso non mangiava, anche se il dio con un occhio solo sedeva a capo della festa con i suoi due corvi, Huginn (Pensiero) e Muninn (Memoria), appollaiati su entrambe le spalle; mentre i guerrieri banchettavano insieme, i corvi gli portavano notizie dal mondo. I due lupi di Odino, Geri (Greddy) e Freki (Fierce), sedevano ai suoi piedi, e Odino dava loro tutto il suo cibo. Beveva vino, tuttavia, e questo forniva tutto il nutrimento di cui il dio aveva bisogno.

Secondo la leggenda, questo schema di combattimenti e festeggiamenti si sarebbe ripetuto fino al Ragnarok, quando il canto del gallo Gullinkambi (Pettine d'oro) avrebbe segnalato l'inizio della grande battaglia tra gli dei e le potenze del male. Allora gli Einherjar avrebbero marciato fuori dal Valhalla per combattere dalla parte di Odino e degli altri dei, mentre le loro infelici controparti negli inferi avrebbero dovuto combattere dalla parte dei mostri e dei giganti.

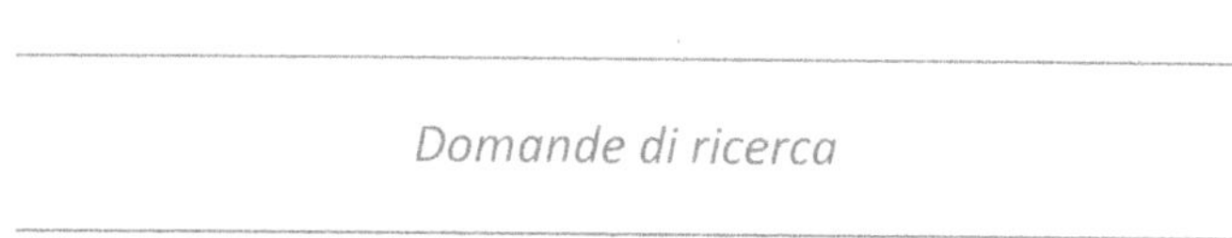

1) Chi è il sovrano del Valhalla secondo la mitologia norrena?
2) Come pensi che sia il Valhalla?
3) Chi sceglierebbe di invitare nel Valhalla?
4) Se ti fosse data la possibilità di scegliere, quale piano di esistenza della mitologia norrena preferisci e perché?

Norns

I loro nomi erano Urd (scritto anche Urdr, o Weird, che significa "passato"), Verdande ("presente") e Skuld ("futuro").

Tre esseri femminili che governano il destino degli dei e degli uomini

Le Norne hanno paralleli nelle tre Parche (Parcae) della mitologia greca e romana; quindi, si crede che abbiano avuto origine prima dello sviluppo delle leggende di Odino e possono essere di origine indoeuropea.

Le Norne sono tre sagge filatrici che hanno determinato la durata di ogni vita assegnata. Una filava il filo di ogni vita, un'altra ne misurava la lunghezza e la terza decideva quando il filo doveva essere spezzato.

Erano rappresentate come vecchie megere dalla testa grigia, ed erano rispettate da tutti per l'immenso potere che possedevano sui destini degli dei e degli umani. Una volta che le Norne avevano deciso il destino di qualcuno, quel destino non poteva essere cambiato. Anche il dio principale, Odino, era soggetto al loro potere.

Le Norne vivevano in una grande sala ad Asgard vicino al Pozzo di Urd (Urdarbrunn, o Pozzo degli Strani). Queste tre Norne si occupavano della salute dell'Albero del Mondo, Yggdrasil. Lo impedivano di appassire. Ogni giorno attingevano l'acqua dal pozzo di Urd e la spruzzavano sull'albero, e mettevano l'argilla del pozzo sul tronco dell'albero nei punti in cui la corteccia era marcita o era stata mangiata dagli animali. Poiché le radici e i rami di Yggdrasil collegavano tutti i mondi e tenevano insieme l'universo, le Norne erano quindi responsabili della conservazione del tessuto di tutta la creazione.

Secondo la Prosa (o Giovane) Edda, sebbene Urd, Verdande e Skuld fossero le Norne principali, c'erano anche molte altre Norne, alcune buone e altre cattive, e ogni volta che qualcuno nasceva, c'era una Norna che avrebbe plasmato la vita di quella persona e determinato il suo destino.

Anche le origini delle Norne potevano essere diverse; alcune erano di origine divina, altre provenivano dagli elfi e dai nani. Si credeva che le Norne buone, quelle di nobile discendenza, formassero vite buone, mentre le Norne cattive erano responsabili della sfortuna.

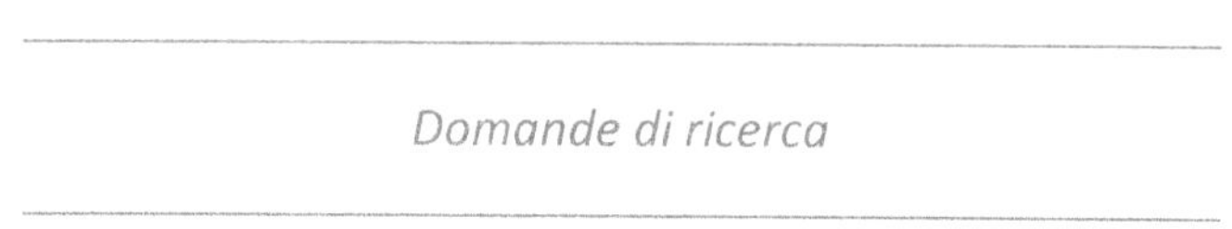

Domande di ricerca

1) Chi è una delle tue persone o dei/delle tue dee preferite della mitologia norrena, e perché?
2) Quali sono alcuni fatti divertenti sulla mitologia norrena?

Hel
Il nome del mondo dei morti

Hel è il regno dei morti, presieduto dalla dea omonima.

La parola norrena *hel* deriva dal precedente *halja, che* significa "luogo di occultamento" e che, per estensione, include la tomba o gli inferi. I popoli nordici concepivano Hel come un luogo di nebbia densa e di freddo intenso, associato e situato all'interno della vasta e primordiale landa ghiacciata conosciuta come Niflheim.

L'entrata di Hel dal mondo dei vivi era una caverna nera circondata da scogliere e burroni ripidi e minacciosi, sorvegliata da Garm, un cane feroce e sporco di sangue.

Secondo la "Prosa (o Giovane) Edda", il dio Hermod cavalcò verso Hel per riportare il dio condannato Balder dalla morte. Sebbene cavalcasse sul cavallo più veloce del mondo, Sleipnir, il viaggio gli richiese nove notti, attraversando valli così buie e profonde che non riusciva a vedere nulla. Poi arrivò al fiume Gjol (scritto anche Gioll o Gjoll) il cui nome significa "ululato".

Si doveva attraversare il ponte di Gjol, che era coperto d'oro splendente e sorvegliato da una fanciulla chiamata Modgud (o Módgudr). Ella chiedeva a coloro che desideravano attraversare il ponte il loro nome e il loro lignaggio. Oltre il ponte si continuava verso il basso e verso nord, su una strada che portava ad un enorme cancello chiuso. Questa era la Porta di Hel. Poiché Hermod cavalcava Sleipnir, era in grado di saltare il cancello.

All'interno della porta si trovava la sala della dea Hel. Era qui che lei, come governante degli inferi, viveva e salutava i morti che venivano nel suo dominio. Secondo alcuni conti, tutti coloro che morivano di malattia e di vecchiaia erano destinati ad andare a Hel.

Altri racconti enfatizzavano Hel come luogo di punizione per i criminali e, in particolare durante l'epoca vichinga, come luogo dove i guerrieri che non morivano in battaglia, e quindi non potevano entrare nel Valhalla, avrebbero dimorato in miseria fino al Ragnarok, la fine del mondo. Al momento del Ragnarok, sarebbero stati chiamati a marciare nelle loro legioni e seguire il malvagio Loki in battaglia contro gli dei.

Domande di ricerca

1) Cosa rappresenta Hel?
2) Cosa determina se qualcuno entra nel Valhalla o nell'Hel?

Ragnarok
La battaglia alla fine del mondo

Ragnarok si riferisce alla battaglia alla fine del mondo; letteralmente, "sventura delle potenze divine". Secondo la tradizione norrena, alla fine del mondo, ci sarebbe una terribile battaglia tra le forze del bene e del male.

Gli dei e i loro alleati avrebbero combattuto fino alla morte contro i loro nemici di lunga data, i giganti e i mostri. Non solo gli dei e i giganti sarebbero morti in questa conflagrazione apocalittica, ma tutto nell'universo sarebbe stato distrutto.

Nelle società di guerrieri vichinghi, morire in battaglia era un destino da ammirare, e questo fu portato nel culto di un pantheon in cui gli stessi dei non erano eterni, ma sarebbero stati un giorno rovesciati, a Ragnarok. Esattamente cosa sarebbe successo, chi avrebbe combattuto chi, e i destini dei partecipanti a questa battaglia erano ben noti ai popoli nordici dalle loro saghe e dalla poesia skaldica.

I segni della venuta di Ragnarok sarebbero stati evidenti a tutti. In primo luogo, ci sarebbero state grandi lotte per tre inverni, durante i quali il tessuto sociale si sarebbe disgregato; i fratelli avrebbero ucciso i fratelli, i padri e i figli si sarebbero uccisi a vicenda, i voti non sarebbero stati più mantenuti, e la depravazione e il caos sarebbero aumentati ovunque.

In seguito, tre inverni si sarebbero verificati insieme senza estate tra di loro. Questo sarebbe l'Inverno Fimbul (Inverno Misterioso o Mostruoso); una neve pervasiva volerebbe in tutte le direzioni, accompagnata da un gelo terribile e da venti taglienti come bufere di neve.

Il lupo che inseguiva perennemente il sole lo catturava e lo inghiottiva, e l'altro lupo del cielo catturava la luna. Le stelle scomparirebbero. Poi tutta la terra avrebbe tremato, gli alberi sarebbero stati sradicati e le montagne sarebbero cadute, facendo scattare e rompere tutte le catene e i legami. Questo libererebbe i mostri - compreso il lupo Fenrir e suo padre Loki - che erano stati legati dagli dei. Gli occhi e le narici di Fenrir brucerebbero di fuoco, e le fauci spalancate della sua bocca aperta raschierebbero la terra e il cielo.

L'oceano sarebbe salito sulle terre perché un altro dei figli di Loki, il serpente Jormungand, sarebbe salito dal suo profondo letto oceanico sulla terraferma in preda alla rabbia, spargendo il cielo e il mare con il suo veleno. La macabra barca Naglfar, fatta di unghie di uomini morti, sarebbe stata sciolta dai suoi ormeggi e avrebbe portato un esercito di giganti del gelo, con il loro capitano, Hrym, al timone.

In mezzo a questo tumulto, il cielo si sarebbe aperto e da esso sarebbero usciti i giganti di fuoco, guidati da Surt con la sua spada fiammeggiante. Tutto ciò che si trovava sul loro cammino sarebbe andato in fiamme. I giganti di fuoco cavalcano su Bifrost, il ponte dell'arcobaleno che porta al cielo, facendolo crollare tra le fiamme mentre lo attraversano.

Le forze del male, compreso Loki, che guidava un esercito di tutte le anime che erano state a Hel, si sarebbero riunite su un enorme campo chiamato Vigrid. Heimdall sarebbe stato il primo degli dei a vedere il nemico avvicinarsi, e avrebbe soffiato con forza su Gjallarhorn per avvisare tutti gli dei. Essi avrebbero rapidamente tenuto un parlamento, e Odino avrebbe cavalcato fino al pozzo di Mimir per consultare Mimir a nome suo e del suo popolo.

Allora l'Albero del Mondo, il frassino Yggdrasil che collega e sostiene tutte le parti dell'universo, gemerebbe e tremerebbe, e tutte le creature diventerebbero timorose. Gli dei Aesir indosserebbero i loro abiti da battaglia. Odino guiderebbe gli Einherjar, le anime degli eroi morti, nella battaglia, indossando il suo elmo d'oro, il suo mantello di posta e portando la sua lancia, Gungnir. Thor avanzerebbe al fianco di Odino.

Odino avrebbe attaccato il gigantesco lupo Fenrir. Thor non sarebbe in grado di aiutare suo padre perché sarebbe impegnato dal suo vecchio nemico Jormungand. Frey avrebbe combattuto contro Surt e sarebbe stato ucciso per mancanza della sua spada magica.

Il cane infernale Garm avrebbe combattuto contro Tyr e si sarebbero uccisi a vicenda. Thor sarebbe stato vittorioso sul serpente, ma sarebbe caduto a terra morto a causa del veleno che il serpente gli aveva sputato addosso, dopo essersi allontanato di soli nove passi dal suo corpo.

Fenrir avrebbe inghiottito Odino. Immediatamente il figlio di Odino, Vidar, si sarebbe fatto avanti e avrebbe calpestato la mascella inferiore del lupo. Con una mano avrebbe afferrato la mascella superiore del lupo e gli avrebbe strappato la bocca, uccidendolo alla fine. Loki avrebbe combattuto contro il dio Heimdall, ed entrambi sarebbero morti.

Dopodiché, Surt avrebbe lanciato il fuoco sulla terra e bruciato il mondo intero. Gli esseri umani perirebbero insieme agli dei e a tutte le altre creature. Ma anche il male perirebbe, e secondo entrambi gli Edda, un universo migliore e pacifico si fonderebbe dopo la distruzione del vecchio.

Una nuova Terra sarebbe sorta dal mare, verde e crescente, e i raccolti sarebbero cresciuti senza essere stati seminati. Il prato Idavoll, nella ormai distrutta Asgard, sarebbe stato risparmiato. Il sole sarebbe riapparso perché prima di essere inghiottito dal lupo, Alfrodul (un altro nome del sole) avrebbe dato alla luce una figlia bella come lei stessa, e questa figlia fanciulla avrebbe cavalcato la strada di sua madre nel nuovo cielo.

Anche alcuni dei sarebbero sopravvissuti: I figli di Odino, Vidar e Vali; i figli di Thor, Modi e Magni, che ora avrebbero avuto il martello magico del padre, Mjolnir; e soprattutto, Balder e suo fratello Hod, che sarebbero saliti da Hel e avrebbero abitato nella vecchia sala di Odino nel cielo.

Questi sopravvissuti si sedevano insieme, discutevano dei loro misteri e parlavano delle cose che erano successe. Nell'erba di Idavoll trovavano i pezzi d'oro che gli Aesir avevano usato per giocare a dama.

Gli umani sarebbero riapparsi perché due di loro, Lif e Lifthrasir, sarebbero sopravvissuti nascondendosi durante il cataclisma, in un luogo chiamato Hoddmimir's Holt, un piccolo boschetto di alberi. Vivrebbero di rugiada mattutina e ripopolerebbero il mondo di umani e adorerebbero il loro nuovo pantheon di dei, guidato da Balder.

Ci sarebbero ancora molte sale per ospitare le anime dei morti. Secondo la PROSA EDDA, un altro paradiso esisteva a sud e sopra Asgard, chiamato Andlang, e un terzo paradiso più in alto, chiamato Vidblain; e questi luoghi avrebbero offerto protezione mentre i fuochi di Surt bruciavano il mondo. Secondo entrambi gli EDDA, dopo il Ragnarok, la sala di Gimle sarebbe il posto migliore per stare in cielo.

Brimir, un altro luogo del cielo, sarebbe una sala dove verrebbero servite molte buone bevande. Una sala chiamata Sindri, costruita in oro rosso, ospiterebbe le anime dei buoni e dei virtuosi. Il PROSE EDDA menziona anche Nastrand (o Nastrond, "Corpse Strand"), una grande sala rivolta a nord le cui pareti sarebbero intessute di serpenti.

Le teste dei serpenti sarebbero tutte rivolte verso l'interno della sala, sputando veleno, in modo che fiumi di veleno scorrano all'interno. Qui le anime degli assassini e dei trasgressori di giuramenti sarebbero state costrette a guadare questi fiumi di veleno per sempre. E nel posto peggiore di tutti, Hvergelmir, il serpente Nidhogg, anche lui apparentemente sopravvissuto al Ragnarok, tormenterebbe i corpi dei morti.

---

1. Cosa pensi di Ragnarok?
2. Quali due forze combattono nella mitologia norrena?

3. Se potessi dire qualcosa su Ragnarok che la gente potrebbe non
   sapere, cosa sarebbe?

Aesir

Anche scritto Æsir.

La principale razza di dei, guidata da Odino

Gli Aesir sono uno dei due gruppi distinti di divinità, gli Aesir e i Vanir. Gli Aesir erano principalmente divinità della battaglia, mentre i Vanir erano associati all'agricoltura, alla salute e alla prosperità.

Le storie della letteratura nordica sono principalmente storie degli eroici Aesir, gli dei guerrieri, anche se menzionano anche alcuni dei Vanir che vivevano tra gli Aesir. Gli Aesir abitavano in un regno celeste chiamato Asgard.

I primi Aesir furono il feroce Odino, il dio capo, e i suoi due fratelli, Vili e Ve, che insieme crearono i primi esseri umani. Anche la moglie di Odino, Frigg, e tutti i loro discendenti, e molti altri dei e dee appartenevano agli Aesir.

Tra loro c'erano il combattente e dio del tuono Thor; il bellissimo ma condannato dio Balder; Bragi, il dio della poesia; Forseti, dio della giustizia; Heimdall, il guardiano degli dei; il dio della guerra Tyr; Idunn, custode delle mele della giovinezza; Sif, la moglie dai capelli d'oro di

Thors; il dio dell'inverno Ull; Vali, il vendicatore; Vidar, il dio silenzioso; e la dea della terra Jord.

Secondo la tradizione, molto tempo fa gli Aesir e i Vanir combatterono una guerra. Secondo un racconto, la guerra iniziò quando i Vanir attaccarono gli Aesir perché gli Aesir avevano torturato la dea Gullveig, una sacerdotessa o maga Vanir. I Vanir indignati chiesero una soddisfazione monetaria o la parità di status tra gli dei. Ma gli Aesir rifiutarono e dichiararono guerra ai Vanir. Entrambe le parti combatterono coraggiosamente e, nonostante la loro abilità in combattimento, gli Aesir subirono numerose sconfitte. La maggior parte dei resoconti dice che la guerra finì con una tregua quando nessuna delle due parti riuscì a ottenere una vittoria decisiva.

Fu concordato che per preservare la pace, ogni parte avrebbe preso degli ostaggi dall'altra. Così, gli dei Aesir Hoenir e Mimir furono mandati a vivere tra i Vanir, mentre il dio del mare Vanir Njord e i suoi due figli, Frey e Freya, si stabilirono tra gli Aesir. In seguito, questi dei Vanir furono associati agli Aesir.

La pace fu simbolicamente ripristinata da un rituale in cui entrambe le parti sputarono in Odherir, un calderone magico, mescolando la loro saliva. Dalla loro saliva combinata si formò un dio-poeta chiamato Kvasir, che era il più saggio dei saggi. In alcuni racconti Kvasir era egli stesso un nano, in altri fu ucciso dai nani. Il suo sangue fu mescolato con il miele e ne risultò un idromele magico che ispirava chiunque lo bevesse a parlare con poesia e saggezza.

Gli Aesir e i Vanir avevano un nemico comune nei giganti del gelo. Questi giganti erano i discendenti del gigante più antico, Ymir.

Sia gli Aesir che i Vanir erano destinati ad essere distrutti nel Ragnarok (la fine del mondo). Il giorno del Ragnarok, le forze del male - compresi i giganti del gelo e altri mostri - si sarebbero impegnati in una lotta a morte contro gli dei e i loro alleati.

Gli Einherjar, le anime dei guerrieri morti in battaglia e portati al Valhalla dalle fanciulle di Odino, le Valchirie, avrebbero combattuto quel giorno dalla parte degli dei in questo conflitto apocalittico finale. Le storie degli

Aesir guerrieri sono raccontate nell'Edda poetica (o più antica) e nell'Edda in prosa (o più giovane).

Gli studiosi hanno ipotizzato che gli Aesir e i Vanir possano rappresentare due culture distinte che si sono fuse all'inizio della storia nordica, e l'antica battaglia mitica tra gli Aesir e i Vanir e la loro tregua finale potrebbero riflettere almeno in parte la fusione storica dei due gruppi. Lo storico islandese Snorri Sturluson pensava che la parola Aesir potesse derivare dalla parola Asia; i Vanir potevano essere un gruppo che entrava in Europa dall'Asia Minore.

La preminenza degli Aesir eroici nella mitologia e nella letteratura degli Edda norreni può essere collegata all'ascesa dell'aristocrazia guerriera durante l'espansiva età vichinga, un'epoca in cui una religione guerriera avrebbe probabilmente diffuso la sua influenza e sarebbe arrivata a dominare una società più stabile e agricola come quella associata ai Vanir.

Domande di ricerca

1) Cosa pensate che i giganti pensino degli dei Aesir?
2) Quale divinità fu cacciata da Asgard da un altro dio?
3) Chi è il tuo dio o dea Aesir norreno meno preferito?

Balder

Scritto anche Baldur o Baldr.

Dio di bellezza, amore, purezza, pace, giustizia

Balder è il secondo figlio di Odino. Molto considerato dai vichinghi, Balder era conosciuto come Balder il Buono; era l'incarnazione della bellezza, della giustizia e della gentilezza. Balder non aveva difetti e non nutriva cattiveria verso nessuno.

Balder era il marito della dea Nanna e il padre di Forseti, il dio della giustizia e della conciliazione. Viveva in un palazzo nel cielo chiamato Breidablik (Broad Gleaming), un luogo dove nessuna cosa impura o malvagia era permessa.

La storia della morte di Balder, raccontata nella "Prosa (o Giovane) Edda", è uno dei miti norreni più completi che sopravvivono. Balder sognò di essere in grande pericolo. Raccontò i suoi sogni agli altri dei e dee, ed essi riunirono il loro consiglio ad Asgard per deliberare sul da farsi. Decisero che per impedire la realizzazione di questi sogni, avrebbero chiesto a tutto il mondo di non fargli del male.

Frigg, la madre di Balder, viaggiò ovunque sulla Terra, ottenendo giuramenti da tutte le creature e tutte le cose - compresi animali, uccelli, serpenti, serpenti, fuoco, acqua, ferro, minerali, alberi, pietre e veleni - giurando che non avrebbero fatto del male a Balder, poiché Balder non aveva mai fatto del male a nessun essere. Dopo questa promessa, gli dei si sentirono più sicuri.

Dato che nulla avrebbe ferito Balder, gli dei cominciarono a divertirsi lanciandogli armi e scagliando frecce per sport. Tutto ciò che gli lanciavano veniva semplicemente deviato.

Ma Loki, il dio del fuoco ingannatore, non era contento che Balder fosse immune alle ferite. Si travestì da vecchia e andò da Frigg, ottenendo la sua fiducia. Frigg ammise di aver fatto un'eccezione al giuramento: l'esile germoglio di un albero di vischio, perché le era sembrato troppo giovane per dover fare un voto.

Loki uscì immediatamente, raccolse un fusto di vischio e lo riportò all'assemblea dove gli dei si stavano ancora intrattenendo. Loki si avvicinò al dio cieco Hod (o Hoder), un altro dei figli di Odino, che stava fuori dalla folla. Diede a Hod il fusto di vischio e si offrì di guidare la sua mira. Il missile volò attraverso Balder, che cadde morto a terra.

Gli dei, sopraffatti dallo shock e dal dolore, mandarono Hermod il Veloce, figlio di Odino, negli inferi per riscattare Balder da Hel, la regina degli inferi. Hel non fu indifferente; disse che avrebbe permesso a Balder di tornare ad Asgard se tutte le cose del mondo, vive e morte, avessero pianto per lui, ma se una sola cosa avesse rifiutato o obiettato, Balder sarebbe rimasto negli inferi.

Gli dei mandarono messaggeri in ogni angolo del mondo. Solo una gigantessa si rifiutò di piangere per Balder. Disse che il suo nome era Thokk (o Grazie), ma si pensò che fosse Loki sotto mentite spoglie. Balder dovette quindi rimanere negli inferi. Dopo la sua morte, si diceva che non ci fosse più felicità perfetta, giustizia o bellezza nel mondo.

Loki fu catturato e legato per le sue azioni malvagie, per non essere liberato fino alla grande battaglia di Ragnarok. Dopo questa battaglia alla fine del mondo, ci sarebbe stata una rinascita della Terra, e Balder sarebbe tornato a vivere di nuovo in cielo.

---

1) Quali sono altri fatti che conosci su Baldr?
2) Perché Loki ha ucciso Baldr (Baldur)?

Bragi

Dio della conoscenza, della poesia, dell'eloquenza e patrono degli skald

Bragi è il dio della poesia. Era venerato per la sua saggezza, la sua eloquenza, la sua capacità di comporre e recitare e la sua conoscenza della poesia. Era anche il dio della cerimonia e il dio degli skalds (bardi).

Secondo la 'Prose (o Younger) Edda', era a causa di Bragi che la poesia era chiamata brag, e una persona, indipendentemente dal sesso, si diceva essere un brag (capo) di uomini o donne se eccelleva in eloquenza.

La moglie di Brag era la dea Idunn, che conservava le mele della giovinezza che gli dei mangiavano per non invecchiare. Così, la poesia era legata alla fonte dell'eterna giovinezza.

Bragi era anche il nome di un celebre poeta norvegese del IX secolo, lo skald Bragi Boddason, che inventò un certo tipo di strofa. È possibile che sia stato divinizzato dopo la sua morte; il dio Bragi sembra essere uno sviluppo tardivo nell'immaginario scandinavo, e Odino, il dio principale, era anche identificato come il dio patrono della poesia skaldica.

Domande di ricerca

---

1) Quali sono i tuoi fatti preferiti su Bragi?
2) Quale pensi sia la relazione tra i troll e gli dei nordici?

Forseti

Si scrive anche Forsete.

Dio della giustizia

Forseti è il dio della giustizia e della conciliazione. Era il figlio del condannato ma amato dio Balder e di sua moglie Nanna. La casa di Forseti ad Asgard (cielo) era una grande sala chiamata Glitnir, che era sostenuta da pilastri d'oro e aveva un tetto d'argento.

Lì Forseti ascoltava le cause e risolveva tutte le controversie legali, non importa quanto difficili, per la soddisfazione di tutti.

Domande di ricerca

---

1) Qual è la differenza tra un dio e una dea?
2) Qual è il tuo nome vichingo o norreno preferito?

Heimdall

Scritto anche Heimdal o Heimdallr.

Dio guardiano

Heimdall è uno degli Aesir, guardiano degli dei, custode del regno celeste di Asgard e governatore dei luoghi sacri. Suo padre era il dio principale, Odino, e secondo la 'Prosa (o Giovane) Edda', aveva non una ma nove madri; erano fanciulle che erano sorelle.

Heimdall era bello, la sua pelle brillava bianca e splendente. I suoi denti erano d'oro massiccio. Era anche chiamato Hallinskidi, Gullintanni (Denti d'oro) e, quando visitava il mondo degli umani, Rig.

Heimdall era il dio perfetto per fare da sentinella, perché aveva meno bisogno di dormire di un uccello e perché i suoi sensi erano molto acuti: poteva vedere fino a una distanza di cento leghe ugualmente bene di notte o di giorno; poteva sentire ogni suono, anche quello dell'erba che cresce sulla terra e della lana che cresce sulle pecore.

Heimdall cavalcava un cavallo chiamato Gulltopp, e la sua spada era Hofund (Testa). Aveva un palazzo chiamato Himinbjorg (Rupe del Cielo) che si trovava vicino a Bifrost, il Ponte Arcobaleno che collegava il regno degli dei (Asgard) al regno degli uomini (Midgard). Heimdall vegliava lì per proteggere Asgard dall'invasione dei giganti. Possedeva una tromba chiamata Gjallarhorn (Corno Clangoroso); il suo suono poteva essere udito fino ai più lontani confini dell'universo. Secondo la leggenda, Heimdall sarebbe stato il primo dio a vedere gli eserciti di giganti e mostri che si riunivano per attaccare Asgard a Ragnarok, la battaglia alla fine del mondo. Con Gjallarhorn avrebbe suonato l'avvertimento del loro arrivo. Nonostante le sue responsabilità, Heimdall sapeva essere amante del divertimento; gli piaceva bere idromele nella sua bella sala dei banchetti a Himinbjorg.

Heimdall era il dio della luminosità e degli usi benefici del fuoco, e come tale era in opposizione al malvagio dio del fuoco Loki. Loki si divertiva a prendere in giro il diligente guardiano, e i due erano in costante conflitto. In alcune poesie norrene Heimdall è indicato come il "nemico di Loki". In un racconto, Loki rubò la favolosa collana Brisingamen che la dea Freya aveva acquistato dai nani, e la portò in mare per nasconderla. Ma Heimdall, travestendosi da foca, nuotò per recuperarla.

Loki si trasformò allora in un sigillo e i due lottarono. Heimdall vinse la collana dal suo subdolo avversario e la restituì alla dea. Durante il Ragnarok, la battaglia alla fine del mondo, Heimdall e Loki erano destinati a combattere fino alla morte, uccidendo l'altro.

Il laico eddico 'Rigsthula' racconta come Heimdall fosse responsabile della paternità di tutte e tre le classi sociali di persone: contadini, agricoltori e artigiani, e la nobiltà. Sotto il nome di Rig, egli viaggiò attraverso Midgard, il mondo dell'umanità, per vedere come stavano i discendenti di Ask ed Embla, i primi umani. Rig arrivò nella povera capanna di Ai (bisnonno) e Edda (bisnonna) e, sebbene avessero poco, furono ospitali con l'affascinante dio.

Per tre giorni Rig mangiò con loro, e di notte dormì con entrambi. A tempo debito Edda diede alla luce un figlio forte di nome Thrall, che sposò una ragazza laboriosa di nome Esne, e i loro discendenti erano tutti contadini e operai del mondo. Rig continuò i suoi viaggi e arrivò in una fattoria dove vivevano Afi (il nonno) e Amma (la nonna), e per tre giorni mangiò con loro e dormì con loro.

A tempo debito Amma diede alla luce un figlio di nome Freeman, un costruttore e fabbro e agricoltore, che sposò un buon fornaio e tessitore di nome Hussif; i loro figli divennero artigiani, agricoltori e proprietari terrieri del mondo. Rig continuò, incontrando Padre Squire e Madre Lady, e mangiò con loro nella loro bella villa, e dormì con loro nel loro letto lussuoso.

A tempo debito Lady diede alla luce un ragazzo di nome Earl, un cacciatore e cavaliere, che sposò una ricca e bella musicista di nome Princess, e i loro figli divennero i re e le regine del mondo. Rig insegnò a Earl i segreti delle rune in modo che lui e la sua prole potessero essere dei saggi leader. Poi Rig tornò ad Asgard, ben contento di tutta la sua prole.

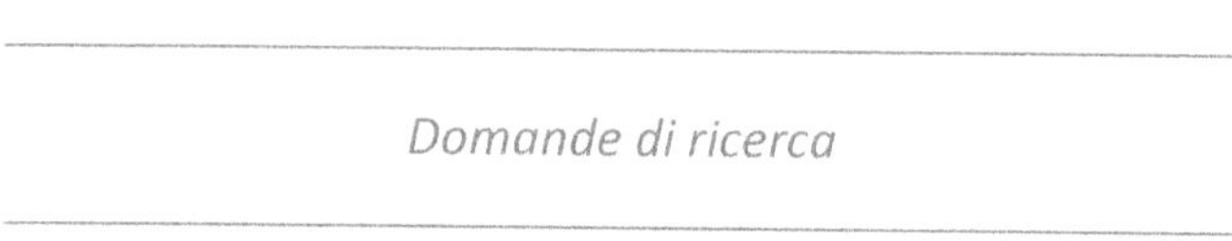

Domande di ricerca

1) Hai mai letto un fumetto sulla mitologia norrena? Se sì, quale pensi sia la storia più interessante?
2) Chi è una divinità della mitologia norrena che corrisponde meglio a uno dei tuoi amici - Vili o Thor? E perché li hai scelti?

Hel
Dea dei morti e dominatrice degli inferi

Hel è la dea dei morti e governante degli inferi. Era una delle tre creature mostruose che il dio del fuoco ingannatore Loki fece nascere dopo aver mangiato il cuore di una strega, la gigantessa Angerbotha. I fratelli di Hel erano il gigantesco lupo Fenrir e Jormungand, il serpente malvagio che si avvolgeva intorno al mondo.

Secondo la 'Prosa (o Giovane) Edda', dopo la nascita di Hel, il dio principale, Odino, la gettò nelle oscure e gelide lande di Niflheim e le diede autorità su nove mondi. Chiunque morisse di malattia o di vecchiaia veniva mandato da lei, e lei era tenuta a dar loro vitto e alloggio. Aveva grandi palazzi a Niflheim per sé e per ospitare tutti i morti che vi arrivavano.

Le mura erano eccezionalmente alte, con enormi porte. La sua sala era chiamata Elvidnir, o Eliudnir (Miseria), il suo piatto Fame, il suo coltello Carestia, e i suoi servi maschi e femmine Ganglati e Ganglot (i cui nomi significano entrambi "lento movimento"). La soglia dove si entrava si chiamava Stumbling-block, il suo letto era Sick-bed, e le sue tende Gleaming-bale. Il suo cane da caccia, Garm, faceva la guardia al cancello.

Si pensava che Hel si nutrisse del cervello e del midollo degli umani. In apparenza, Hel aveva un aspetto feroce e facilmente riconoscibile: metà nero e metà coperto di carne. Nel contegno, è stata descritta come piuttosto abbattuta.

Di tanto in tanto lasciava Niflheim e vagava sulla Terra su un cavallo bianco a tre zampe, raccogliendo i molti che perivano nella peste o nella carestia. Il regno di Niflheim stesso era spesso chiamato semplicemente Hel, come la dea.

Quando il bellissimo ma condannato dio Balder fu ucciso a tradimento, Hel lo ospitò in un'enorme sala dorata che si addiceva alla sua posizione, e fu comprensiva con la richiesta degli dei, presentata dal dio Hermod, che Balder fosse riportato in cielo. Accettò di liberare Balder dal regno dei morti, ma solo se tutte le creature del mondo avessero pianto per lui. Poiché la gigantessa Thokk si rifiutò di piangere per lui, Balder fu costretto a rimanere a Hel.

Gli studiosi hanno sostenuto, sulla base dei testi sopravvissuti, che Hel non era considerata una divinità malvagia fino a quando le credenze norrene hanno iniziato ad essere influenzate dal cristianesimo. Prima di allora, non era associata al dio cattivo Loki. Il fatto che i suoi due fratelli fossero mostri, nemmeno di forma umana, mentre lei era considerata una dea, sosterrebbe questa affermazione.

Non c'era lo stigma della crudeltà attaccato a lei; piuttosto, sembrava essere triste o depressa. Il suo palazzo era imponente come le sale degli dei, e incontrava le anime morte che venivano da lei con cortesia. Sembravano abitare pacificamente a Hel; non venivano torturati o maltrattati in alcun modo.

Tuttavia, nell'epoca vichinga, l'accento fu posto sui sudditi di Hel come criminali - assassini, ladri, adulteri - e altri che non erano morti in battaglia, e quindi non erano stati portati dalle valchirie di Odino al palazzo celeste del Valhalla. In questa tradizione, i soggetti di Hel sono tormentati e miserabili. E secondo la 'Prosa Edda', al momento del Ragnarok, la battaglia alla fine del mondo, Loki avrebbe guidato tutte le persone appartenenti a Hel nella lotta contro gli dei.

In quel momento, altre creature del dominio di Hel sarebbero state liberate sul mondo: il serpente Nidhogg, il lupo Fenrir e il cane Garm.

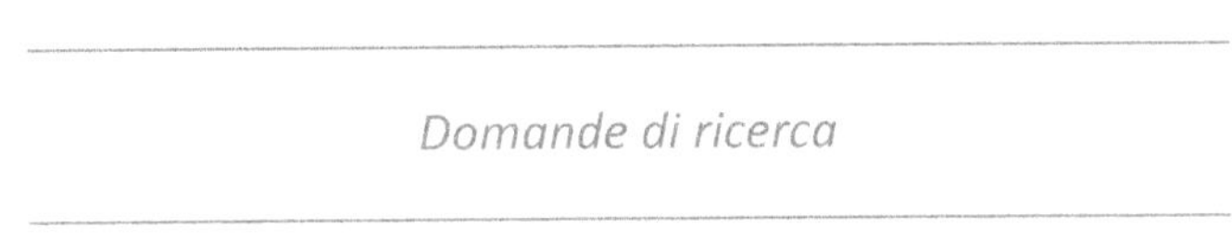

Domande di ricerca

1) Cosa puoi dire ai tuoi amici su Hel e Loki? Com'è il loro rapporto?
2) In cosa sono diversi gli dei e le dee nordiche?

Hermod
Messaggero degli dei

Hermod è il figlio del dio principale, Odino, e di sua moglie Frigg.
Conosciuto come Hermod il Veloce, era chiamato dagli altri dei quando
avevano un compito che richiedeva velocità e urgenza.

Hermod indossava un elmo e una cotta di maglia donatagli da Odino, e
portava sempre con sé il Gambantein, la sua bacchetta magica o bastone.
Era anche chiamato Hermod l'Ardito, perché era coraggioso in guerra e
amava una buona battaglia. I vichinghi credevano che fosse in attesa,
insieme a Odino, all'ingresso del Valhalla per accogliere gli Einherjar,
guerrieri morti valorosamente in battaglia.

Hermod appare sia nell'Edda poetica (o più antica) che nell'Edda in prosa
(o più giovane). Fu Hermod che si offrì volontario per cavalcare dall'alto
dei cieli, Asgard, fino a Hel nel tentativo di riscattare suo fratello Balder

dalla regina degli inferi (anch'essa chiamata Hel). Gli ci vollero nove giorni, cavalcando il destriero di Odino, Sleipnir, il cavallo più veloce del mondo, per raggiungere il fiume Gjol (scritto anche Gioll o Gjoll).

Lì incontrò Modgud (o Módgudr), la fanciulla che faceva la guardia al ponte. Lei gli chiese perché qualcuno che non era ancora morto volesse attraversare il fiume verso Hel, e lei gli disse che suo fratello era davvero passato di là.

Hermod arrivò quindi all'enorme Porta di Hel, chiusa a chiave. Hermod condusse Sleipnir con un gigantesco salto oltre la porta. Una volta dentro, Hermod cercò di convincere Hel che Balder doveva essere riportato nel mondo dei vivi, perché la sua morte aveva causato così tanto dolore.

Hel accettò di permettere a Balder di tornare ad Asgard se tutte le cose del mondo, vive e morte, avessero pianto per lui, ma se una sola cosa si fosse rifiutata di piangere, Balder sarebbe dovuto rimanere negli inferi.

Hermod cavalcò il lungo viaggio di ritorno ad Asgard e disse agli dei ciò che Hel aveva richiesto. Gli dei mandarono messaggeri in ogni angolo del mondo con la notizia, e tutto pianse, tranne una gigantessa di nome Thokk (grazie), che si pensava fosse il malvagio dio ingannatore Loki sotto mentite spoglie. Così Balder dovette rimanere negli inferi.

In un'altra occasione, Odino fu disturbato dalle profezie e invitò Hermod a cavalcare verso la terra dei finlandesi per vedere Rossthiof (ladro di cavalli). Odino prestò nuovamente a Hermod il suo cavallo veloce, Sleipnir, e gli diede anche il suo bastone runico. Hermod si affrettò a partire, e anche se Rossthiof evocò dei mostri per fermarlo, Hermod sottomise Rossthiof e si rifiutò di liberarlo finché non avesse avuto delle risposte ai presentimenti di Odino. Rossthiof accettò e Hermod lo liberò.

Rossthiof cominciò a mormorare incantesimi, e immediatamente il sole si nascose dietro le nuvole, la terra tremò e si alzarono venti di tempesta. Rossthiof indicò l'orizzonte e lì Hermod vide un enorme flusso di sangue che inondava la terra.

Una bella donna apparve con un bambino al suo fianco. Questo bambino crebbe a tutta altezza, portando un arco e delle frecce, davanti agli occhi di Hermod. Rossthiof disse che il sangue significava l'uccisione di uno dei figli di Odino, ma se Odino avesse corteggiato e conquistato la gigantessa Rind (o Kinda) nella terra dei Ruteni (Russia), lei gli avrebbe dato un figlio che sarebbe cresciuto in un giorno e avrebbe vendicato la morte di suo fratello.

Hermod tornò di corsa da Odino e gli raccontò il presagio. Di conseguenza, Odino cercò Rind, che divenne la madre di suo figlio Vali. La profezia si realizzò con la morte di Balder, quando Vali uccise Hod per vendicarlo.

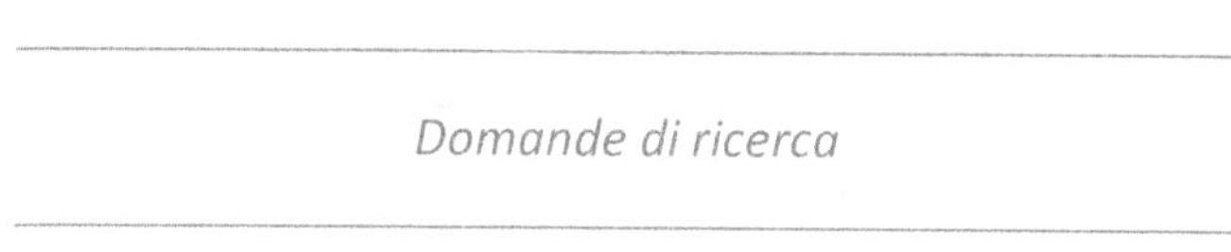

Domande di ricerca

1) Quali sono i vostri pensieri su questo dio norreno?
2) Hai sentito qualche storia su Hermod?

Hod

Scritto anche Höd, Hoder o Hodur.

Dio dell'inverno e delle tenebre

Hod è un dio cieco, associato alla notte e all'oscurità. Hod era il figlio del dio principale, Odino, e di sua moglie Frigg. Fu ingannato dal malvagio dio del fuoco Loki a uccidere suo fratello Balder, che era il più bello e perfetto degli dei.

Secondo la mitologia norrena, dopo questo atto il mondo non fu mai più buono, amorevole e giusto come lo era stato prima della morte di Balder. Nonostante il fatto che Hod, incapace di vedere, fosse stato ingannato nel compiere l'efferato omicidio, gli dei e le dee non potevano dimenticare che era stata la sua mano a scagliare l'arma. Hod fu quindi ucciso per vendicare la morte di Balder da un altro dei suoi fratelli, il dio Vali.

In seguito, sia Balder che Hod furono condannati ad abitare negli inferi con la dea Hel, fino al tempo del Ragnarok, la battaglia alla fine del mondo. Secondo la leggenda, al Ragnarok sarebbero tornati dalla morte. Loro e i pochi dei sopravvissuti - compreso Vali - si sarebbero riconciliati e avrebbero regnato in un nuovo paradiso migliore di quello precedente.

1) Quali dei o dee nordiche hai imparato a scuola?
2) Se tu avessi dei poteri, che tipo di potere vorresti avere da una leggenda nordica?

Hoenir

Scritto anche Hænir.

Dio del silenzio, della spiritualità, della poesia e della passione

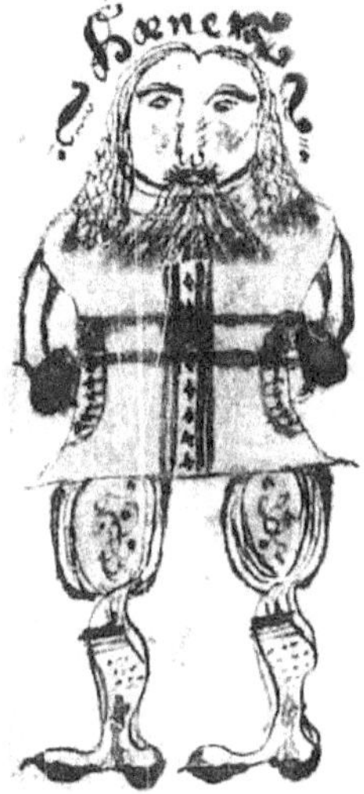

Hoenir è un dio Aesir e, con Odino e Lothur, uno dei creatori del genere umano. Come Odino, Hoenir era figlio di Bor e Bestla. Non si sa molto di lui, anche se nella letteratura sopravvissuta viene citato più volte come compagno di viaggio di Odino e Loki. Era indicato come compagno e confidente di Odino ed era un veloce corridore.

Insieme a Odino e Lothur, Hoenir uccise il gigante del gelo primordiale Ymir e creò il mondo, il cielo e il mare dal corpo del gigante. Aiutò anche a creare i primi due umani, l'uomo Ask e la donna Embla, da due tronchi di legno alla deriva che trovarono lungo la costa.

Secondo il Voluspa, un'epopea dell'Edda Poetica (o del Vecchio), Hoenir, in particolare, diede loro i doni della comprensione e il potere di sentire. In alcuni resoconti della creazione del mondo e dei primi esseri umani, Hoenir viene identificato come il fratello di Odino e gli vengono attribuite le azioni del dio Vili.

Hoenir era uno degli dei Aesir scambiati come ostaggio con gli dei Vanir nell'accordo di pace dopo la guerra tra i due gruppi. Tuttavia, è menzionato nella "Prosa (o Giovane) Edda" come uno dei dodici dei Aesir che sedevano in trono nella sala del banchetto ad Asgard.

Secondo la "Prosa Edda", in uno dei loro viaggi di esplorazione del mondo, Odino, Loki e Hoenir visitarono il re dei nani, Hreidmar. Questa è la fatidica avventura che ha portato al furto dell'anello del nano Andvari e alla maledizione che è diventata la base di gran parte della trama del ciclo operistico di Richard Wagner "L'anello dei Nibelunghi".

Hoenir era anche il compagno di Odino e Loki quando iniziarono una disavventura che portò al rapimento della dea Idunn da parte del gigante di montagna Thiassi. Senza Idunn, custode delle mele della giovinezza, gli dei divennero grigi e vecchi.

Secondo la leggenda, dopo il Ragnarok, la battaglia tra dei e giganti che avrebbe avuto luogo alla fine del mondo, Hoenir sarebbe andato in un nuovo cielo, dove avrebbe posseduto il dono della profezia.

Domande di ricerca

---

1) Quali sono le componenti principali di una buona storia mitologica in generale?
2) Cosa ti ha spinto a studiare questo tipo di conoscenza (mitologia)?

Loki

Dio del fuoco, della magia, del mutamento di forma e del caos

Loki è il malvagio dio del fuoco ingannatore, sempre malizioso, ingannevole e intrigante, e uno dei personaggi più noti della poesia e della saga norrena. Poiché il suo nome deriva dalla radice germanica di fiamma, si crede che Loki sia stato originariamente uno spirito del fuoco.

Loki era una figura ingannatrice e, come mutaforma, poteva diventare diversi animali a volontà. Era padre di due figli, Nari (o Narfi) e Vali, da sua moglie, la dea Asynjur Sigyn (Siguna). Ma poiché poteva anche assumere la forma del sesso opposto, poteva partorire, ed ebbe in questo modo una serie di altri figli.

Nella letteratura sopravvissuta, il nome di Loki è menzionato più di quello di qualsiasi altro dio, ed è certamente una delle concezioni più inventive del folklore. Partecipava a molte delle avventure degli dei, spesso accompagnando il dio principale Odino, o il figlio di Odino, il dio del tuono Thor, nei loro viaggi, anche se era sempre a combinare guai. Loki era in grado di affascinare tutti, nonostante la sua profonda astuzia, con la sua furbizia e il suo bell'aspetto.

Nella "Prosa (o Giovane) Edda", Loki è citato come uno dei 12 dei Aesir. In senso stretto, tuttavia, nel pantheon norreno Loki non era un dio ma un gigante, poiché era figlio del gigante Farbauti (Attaccabrighe pericoloso) e della gigantessa Laufey, o Nal. Questo è il motivo per cui a volte veniva chiamato Loki Laufeyiarson.

Loki aveva dei fratelli di nome Byleist e Helblindi. Anche se di solito era un antagonista degli dei, a volte viveva ad Asgard, il regno celeste degli dei. Gli dei e i giganti erano di solito nemici, ma in qualche momento del lontano passato aveva fatto un giuramento con Odino che li rendeva fratelli di sangue, e a causa di questi legami, gli altri dei godevano della sua compagnia e tolleravano i suoi eccessi e i suoi piani fino a quando non gli sfuggivano di mano.

Loki escogitava sempre nuove angolazioni: a volte queste funzionavano a vantaggio degli dei, ma spesso portavano a conseguenze disastrose. Quando gli dei bruciarono la gigantessa Angerbotha come una strega, Loki mangiò il suo cuore e come risultato rimase incinta. Diede alla luce tre figli mostruosi che in seguito minacciarono il mondo: il lupo Fenrir, il serpente Jormungand (il Serpente di Midgard, o Serpente del Mondo), e la dea Hel.

Odino gettò il serpente nelle profondità del mare che circondava il mondo e pose Hel negli inferi come sua regina. Gli Aesir riuscirono a tenere al guinzaglio l'enorme Fenrir, ma il dio Tyr perse la mano destra nello sforzo.

Secondo la "Prosa Edda", fu Loki che pensò ad un piano per imbrogliare l'architetto e costruttore di Asgard, un gigante, dal suo pagamento. Assumendo la forma di una giumenta, Loki sedusse lo stallone del gigante, Svadilfæri. Il cavallo era essenziale per completare il lavoro in tempo, e l'alleanza ritardò il compito del gigante. In questo caso, gli dei furono grati per l'intervento di Loki, perché se il gigante avesse finito in tempo, avrebbero dovuto consegnargli il sole, la luna e la bella dea Freya. Come risultato di questo episodio, Loki, da cavalla, diede alla luce il cavallo più veloce del mondo, il Sleipnir a otto zampe.

Loki ha contribuito alla scomparsa della dea Idunn. L'ha attirata fuori da Asgard per farla rapire dal gigante Thiassi. Poiché Idunn era la custode delle mele d'oro della giovinezza, che gli dei dovevano mangiare per non invecchiare, erano ansiosi di riaverla, e quindi costrinsero Loki a usare il suo inganno e la sua magia per recuperarla da Jotunheim (Giantland).

Loki aiutò Thor a ingannare il gigante Thrym, che aveva rubato il martello magico del dio del tuono, Mjolnir. Thrym voleva scambiare il martello con Freya, e Thor stesso andò al suo posto, impersonando la bella dea. Loki lo accompagnò, travestito da ancella di Freya. Le rapide risposte di Loki alle domande di Thrym sulla sposa evitarono che lo stratagemma fosse scoperto troppo presto.

Loki era un ladro esperto. Rubò la famosa collana Brisingamen di Freya e la nascose nel mare. Combatté contro il dio Heimdall in una battaglia in cui entrambi assunsero la forma di foche. Il dio splendente Heimdall, guardiano degli dei, era un particolare avversario di Loki.

La loro animosità doveva culminare a Ragnarok, la battaglia alla fine del mondo, quando i due dei si sarebbero impegnati in un combattimento mortale e si sarebbero uccisi a vicenda.

In un'altra storia Loki tagliò i bellissimi capelli biondi della moglie di Thor, Sif. Thor era pronto ad ucciderlo, e Loki, timoroso ma sempre intrigante, promise di fare a Sif una testa migliore di capelli d'oro puro che avrebbe radicato e cresciuto proprio come i capelli veri.

Dopo aver calmato la rabbia di Thor con questa promessa, Loki andò dai Figli di Ivald, nani della fucina. Fece fare loro non solo i capelli d'oro per Sif, ma anche una nave magica, Skidbladnir, e una lancia magica, Gungnir, che poi appartenne a Odino. Ma Loki amava scommettere, e scommise con altri due fabbri nani, Brokk e Sindri, che non sarebbero stati in grado di forgiare oggetti paragonabili a quelli fatti dai Figli di Ivald. Brokk e Sindri forgiarono allora l'anello magico Draupnir, un cinghiale d'oro, e Mjolnir, il martello magico che Thor avrebbe usato per sempre. Ma mentre lavoravano, Loki, che si era travestito da mosca, li pungeva continuamente per distrarli e poter vincere la sua scommessa.

Quando gli dei ebbero visto tutti questi oggetti meravigliosi, dichiararono che Brokk e Sindri avevano vinto. Loki sparì, ma Thor lo catturò. Brokk voleva decapitare il dio ingannatore, ma alla fine Loki lo convinse semplicemente a cucirgli le labbra in modo che non potesse più parlare velocemente per uscire dalle difficoltà. Ma Loki tirò dolorosamente fuori i fili dalle sue ferite e fu libero di mentire di nuovo, e gli dei furono i beneficiari delle meravigliose creazioni magiche che i nani avevano fatto.

In alcune storie, Loki è semplicemente troppo intelligente per il suo stesso bene; in altre, compie atti terribili per pura cattiveria, gelosia e dispettosità.

Un poema nell'Edda poetica (o più antica) descrive come Loki si intromise in un banchetto dato dal dio del mare Aegir per tutti gli dei e le dee. Non era stato invitato, ma poiché era educato, lo lasciarono restare. Poi cominciò a insultare ferocemente ognuno di loro a turno, non importa quanto conciliante cercassero di essere.

Dal momento che Loki conosceva la maggior parte dei loro segreti, era in grado di metterli genuinamente in imbarazzo tutti. Alla fine, la moglie di Thor, Sif, gli offrì una ciotola di idromele e gli chiese di smettere con i suoi insulti. Loki lo bevve, ma poi rivelò che una volta aveva avuto un incontro sessuale con Sif. Immediatamente apparve Thor, pronto ancora una volta a uccidere Loki, e Loki cominciò a insultare anche lui. Alla fine, temendo che Thor portasse a termine la sua minaccia, Loki se ne andò, ancora di pessimo umore, dicendo che gli dei non avrebbero mai più avuto un simile banchetto e maledicendo l'ospite, la sua casa e tutti i suoi beni con la dichiarazione che sarebbero stati tutti incendiati. Questa menzione della distruzione con il fuoco era una prefigurazione del ruolo di Loki come leader delle forze del male a Ragnarok.

L'azione più terribile di Loki prima della fine del mondo, tuttavia, fu quella di causare, con l'inganno e la pura malvagità, la morte di Balder, il bellissimo e pacifico figlio di Odino, che tutti gli altri dei amavano molto. Loki si travestì da vecchia donna e ingannò Frigg, la madre di Balder, per farle rivelare la sua debolezza, e poi ingannò il fratello cieco di Balder, Hod, per fargli uccidere il dio innocente.

Dopo la morte di Balder, Loki, travestito da una gigantessa di nome Thokk (Grazie), fu l'unica creatura dell'universo che si rifiutò di piangere la morte di Balder, e questo significò che Balder sarebbe dovuto rimanere a Hel fino alla fine del mondo.

Questa volta Loki si era spinto troppo oltre, e gli dei, nel loro dolore e nella loro rabbia, dovettero punirlo. Sapendo che lo avrebbero inseguito, Loki fuggì da Asgard e si nascose in una montagna. Sulla sua cima costruì una casa come vedetta da cui poteva vedere in tutte le direzioni. Ma spesso si trasformava in un salmone e si nascondeva in una cascata chiamata Franang (o Franangr). Odino spiò presto il nascondiglio di Loki dal suo alto trono a torre, Hlidskjalf, e gli dei lo inseguirono con una rete da pesca.

All'inizio Loki riuscì ad evitarla, ma Thor, con la sua grande forza, guadò il centro del fiume finché la rete non raggiunse quasi il mare. Alla fine Loki, come il salmone, non ebbe altra scelta che saltare sopra la rete, e mentre lo faceva, Thor gli afferrò la coda.

Una volta catturato, Loki fu portato in una grotta profonda. Gli dei presero tre lastre di pietra, le misero sul bordo e fecero un buco in ognuna. Mandarono a chiamare i figli di Loki, Vali e Nari (o Narfi).

Gli dei trasformarono Vali in un lupo, che immediatamente fece a pezzi suo fratello. Poi gli dei presero le viscere di Nari e le usarono per legare Loki attraverso le pietre, con una pietra sotto le sue spalle, una sotto i suoi lombi e una sotto la parte posteriore delle sue ginocchia. Una volta legate, queste corde si trasformarono in ferro.

La gigantessa Skadi portò un serpente velenoso nella caverna e lo mise sopra la testa di Loki in modo che il suo veleno gli colasse sulla faccia. Lì lo lasciarono, e lì sarebbe rimasto fino al tempo del Ragnarok, quando si sarebbe liberato dai suoi legami, avrebbe evocato tutte le anime miserabili di Hel e avrebbe guidato le forze del male nella battaglia contro gli dei. Ma fino ad allora sarebbe rimasto legato, con la sua fedele moglie, Sigyn, che teneva una bacinella sopra di lui per catturare le gocce di veleno.

Quando la vasca si riempiva, lei andava a svuotarla, lasciando che il veleno gocciolasse per un breve periodo sul viso di Loki. In quei momenti, Loki si sforzava di afferrare i suoi legami e si agitava così tanto nella sua agonia che faceva tremare la terra. Questa era la spiegazione norrena del fenomeno dei terremoti.

Domande di ricerca

1) In che modo la personalità di Loki potrebbe influenzare la sua capacità di completare compiti complessi?
2) Com'è Loki rispetto agli altri dei nordici?
3) Quali sono tre aspetti positivi di Loki, dei figli di Loki e/o della famiglia?
4) In quale tipo di forma Loki appare più spesso agli umani sulla Terra?

Odin

Chiamato anche Othin, Wotan, Woden, Wuotan, Voden o Votan.

Dio della saggezza, della guerra, della magia, della poesia, della profezia, della vittoria e della morte

I Romani identificavano Odino non con Giove ma con Mercurio. Così il "giorno di Mercurio" (in tardo latino, dies Mercurii, in francese mercredi) fu preso nell'inglese antico come "giorno di Woden", da cui deriva la moderna parola inglese Wednesday.

Odino è il principale dio degli Aesir, dominatore del cielo e della terra e dio della guerra, della saggezza e della poesia. Con i suoi fratelli Vili e Ve aveva ucciso il gigante del gelo primordiale Ymir e aveva usato il corpo di Ymir per creare tutti i diversi regni del mondo, così come il mare e il cielo. I fratelli crearono anche I primi esseri umani, Ask e Embla. Odino era il capo supremo degli Aesir, una società di dei guerrieri, e anche se altri dei erano più giovani, più belli e anche più forti fisicamente, i poteri e la saggezza di Odino erano più importanti. In guerra, Odino decideva il destino di tutti i guerrieri. Era anche chiamato il Padreterno.

La figura di Odino si trova al centro di una complessa genealogia mitologica. Suo nonno Buri era un essere primordiale formato da un blocco di ghiaccio leccato dalla mucca primordiale Audhumia all'inizio del tempo. Suo padre era il figlio di Buri, Bor, e sua madre la gigantessa Bestla.

La moglie di Odino era Frigg, e insieme erano considerati i genitori degli dei Aesir. Odino ebbe molti figli, tra cui Thor, Balder, Hod, Hermod, Heimdall, Vidar e Vali. Attraverso suo figlio Sigi, Odino fu l'antenato della dinastia dei Volsung della leggenda eroica.

Per Odino, Frigg era la madre del bellissimo dio Balder, ma la madre del primogenito di Odino, Thor, era Jorth (scritto anche Jord o Iord), la Madre Terra. Jorth era anche la madre delle figlie di Odino, le Valchirie. Il nome alternativo di Odino di Tutto-Padre suggerisce un antico accoppiamento di un dio del cielo con una dea della terra, un'idea supportata dai racconti di una tale unione con Jorth. La gigantessa Rind (o Rinda) era la madre di Vali, e la gigantessa Grid la madre di Vidar.

Odino era anche chiamato il Dio Corvo. Aveva un trono, Hlidskjalf, in una torre di guardia nel regno celeste di Asgard, da cui poteva vedere tutto ciò che accadeva nei nove mondi dell'universo, e nulla sfuggiva al suo sguardo.

Odino sedeva su questo alto trono con due corvi, Huginn (Pensiero) e Muninn (Memoria), appollaiati sulle sue spalle. Ogni giorno mandava questi uccelli in giro per il mondo, ed essi tornavano per sussurrargli all'orecchio tutto ciò che avevano visto. Odino viaggiava anche lui stesso per il mondo, assumendo altre forme, come un uccello, un serpente, un pesce o altre bestie, e poteva muoversi, come uno spirito, mentre il suo corpo dormiva.

Fisicamente Odino era raffigurato come un uomo anziano ma ancora bello, che cavalcava in battaglia indossando un elmo dorato e un mantello di posta. Ma spesso veniva rappresentato, soprattutto quando viaggiava nel mondo degli umani, come un uomo dalla barba grigia con un solo occhio, che indossava un cappello a tesa larga e portava un bastone.

Il suo volto poteva cambiare con lo spettatore: appariva così nobile tra i suoi amici che si rallegravano alla sua vista, ma ai suoi nemici appariva temibile e terribile. Possedeva una lancia magica, Gungnir, che, una volta scagliata, non si fermava mai finché non colpiva il bersaglio desiderato. Possedeva un anello d'oro magico chiamato Draupnir, forgiato dai maestri artigiani, i nani Brokk (o Brokkr) e Sindri. Ogni nona notte, Draupnir produceva altri otto anelli come lui. Il destriero di Odino era il possente cavallo grigio a otto zampe Sleipnir (Viscido), il più veloce del mondo.

Nella sua funzione di dio della guerra Odino era anche un dio dei morti, e impiegava le sue ancelle, le valchirie, per prendere le anime dei guerrieri più valorosi quando morivano sul campo di battaglia e condurle al Valhalla, la sua sala dei banchetti ad Asgard.

Qui queste anime, chiamate Einherjar, avrebbero goduto di un'infinita abbondanza di cibo, bevande e baldoria, e avrebbero praticato le loro abilità di combattimento fino al tempo del Ragnarok, la battaglia alla fine del mondo, quando avrebbero combattuto con Odino come loro capo contro tutte le forze del male. Odino presiedeva alle feste nel Valhalla, ma lui stesso non mangiava. Il vino era sia cibo che bevanda per lui. Dava la sua carne ai suoi due lupi, Geri (avido) e Freki (feroce).

Odino non si esimeva dall'incitare alle lotte per ottenere più eroi per il Valhalla. Si schierava sempre in un conflitto ed era capace di rompere i giuramenti per ottenere ciò che voleva. In guerra poteva paralizzare i suoi nemici con la paura o confondere i loro sensi. Era il dio della caccia selvaggia, e quando i cieli tempestosi della Scandinavia sembravano vibrare al suono di zoccoli che galoppavano furiosamente, si pensava che fosse Odino che incitava la gente alla passione per il sangue.

Secondo lo storico romano Tacito, i Germani offrivano sacrifici umani a questo aspetto del loro dio guerriero. La manifestazione più estrema di Odino nel mondo reale della battaglia apparve come i Berserker (o Berserksgangr), guerrieri che avevano fatto un giuramento sacro a Odino.

Secondo la mitologia dell'Edda poetica (o più antica) e dell'Edda in prosa (o più giovane), al momento del Ragnarok, Odino avrebbe marciato fuori dal Valhalla guidando gli Einherjar, con Thor al suo fianco. Nella battaglia tra gli dei e le forze del male, sarebbe stato inghiottito dal mostruoso lupo Fenrir, ma la sua morte sarebbe stata immediatamente vendicata da suo figlio Vidar, che avrebbe ucciso la bestia malefica.

Può sembrare strano alla mente moderna che Odino possa essere allo stesso tempo il dio della guerra furiosa, della saggezza più profonda e dell'arte della poesia, ma per la società guerriera dei vichinghi, queste caratteristiche erano collegate. La saggezza di Odino non era un dato di fatto, ma qualcosa che aveva acquisito attraverso il dolore e il sacrificio.

Odino veniva consultato per consigli e aiuti sia in pace che in guerra. Egli era diventato onnisciente bevendo dalla sacra fontana della saggezza, il pozzo custodito da Mimir che si trovava sotto una delle radici del grande albero del mondo, Yggdrasil. Mimir acconsentì a permettere a Odino di bere una sola volta da queste acque, ma dovette lasciare lì uno dei suoi occhi come pegno. Da allora, sebbene Odino avesse un solo occhio, vedeva più chiaramente di chiunque altro, aveva una conoscenza intuitiva del passato e poteva prevedere il futuro.

Un'altra fonte della saggezza di Odino fu la grande prova che intraprese impiccandosi a Yggdrasil, l'albero cosmico che collegava e sosteneva tutti i regni del mondo. È quasi morto in questa prova. Dopo nove giorni e nove notti appeso trafitto da una lancia in una ferita autoinflitta, secondo l'Edda poetica, si consacrò a se stesso, scoprì il segreto delle rune sacre e divenne il maestro degli incantesimi e della saggezza occulta.

Odino fu ringiovanito dal suo sacrificio volontario. Ygg (il Terribile) era un altro dei nomi di Odino, e Yggdrasil significa "il cavallo di Odino", forse perché l'albero lo sosteneva mentre veniva impiccato. Poiché si impiccava all'albero cosmico, era conosciuto come il Signore della Forca, un potente mago che poteva far parlare gli impiccati, e mandava i suoi corvi a comunicare con loro. A volte le persone venivano effettivamente impiccate nel culto rituale per questo aspetto del dio.

Con il suo sacrificio e il suo rinnovamento attraverso i segni runici, Odino era anche un dio del potere magico delle parole. Veggenti e maghi cercavano il suo aiuto per creare iscrizioni runiche che avrebbero portato la protezione divina. Il suo legame con la poesia skaldica era, secondo la Prosa Edda, basato sul suo furto di un idromele magico che dava la saggezza e l'arte della poesia a chi lo beveva.

Alcuni nani avevano distillato l'idromele dal sangue del dio saggio Kvasir, e la ricetta entrò in possesso di un gigante di nome Suttung. Odino, sotto il nome di Bolverk, cercò di scambiare il suo lavoro con il gigante Baugi, fratello di Suttung, in cambio di un bicchiere di idromele magico. Baugi era disposto, ma Suttung si rifiutò di concedere a Bolverk anche una sola goccia di idromele.

Con l'aiuto di Baugi, Bolverk fece un buco nella montagna dove era conservato l'idromele, si trasformò in un serpente e strisciò attraverso il buco. Baugi, che aveva cercato di ingannarlo, lo pugnalò ma lo mancò. All'interno della montagna, Gunnlod, la figlia di Suttung, custodiva l'idromele. Odino sedusse Gunnlod. Passò tre notti con lei e lei gli fece bere tre sorsi di idromele dai tre calderoni magici, Odherir, Bodn e Son, in cui era conservato.

Al terzo bicchiere aveva consumato tutto l'idromele. Poi si trasformò in un'aquila e volò più veloce che poté verso Asgard, con l'idromele sacro nel gozzo. Suttung lo inseguì, anche lui in forma di aquila. Quando gli Aesir videro Odino volare verso di loro, misero dei contenitori nel cortile per contenere l'idromele, e quando Odino arrivò sopra Asgard lo sputò nei contenitori. Alcune gocce schizzarono fuori nel mondo, ma agli Aesir non

importava. Quelle gocce divennero la parte di poeti e rime. Così, i mortali
furono in grado di imparare e padroneggiare l'arte skaldica.

Molte opere sopravvissute della letteratura norrena fanno riferimento a
Odino e alle sue imprese. L'Edda poetica, scritta in Islanda intorno al 1000
d.C., contiene una laica chiamata Havamal (Parole dell'Alto), una raccolta
di detti saggi e consigli in forma poetica che furono probabilmente raccolti
in Norvegia durante il IX e X secolo.

Erano scritti dalla prospettiva di Odino stesso. Questo espediente
letterario supportava la sua posizione come dio sia della saggezza che
della poesia. Nella tradizione skaldica, la poesia era chiamata "sangue di
Kvasir", "bottino di Odino" o "dono di Odino".

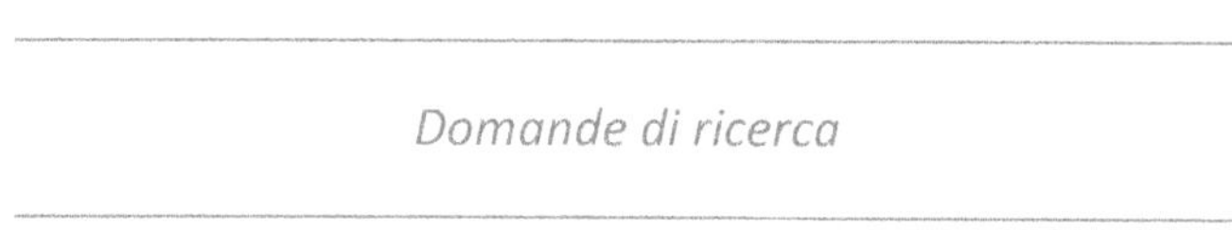

Domande di ricerca

1) Pensi che Odino (o qualsiasi altro Dio) cammini tra noi come
   un politico o un leader?
2) Come pensi che sia vivere sotto il dominio di Odino come
   Einherjar (o guerriero d'elite specializzato nel Valhalla)?
3) Come ha fatto Odino a diventare re degli dei e delle dee
   nordiche?
4) Cosa pensi della personalità di Odino?

Sol e Mani
Personificazione del sole e della luna

Sol e Mani sono il Sole e la Luna, o più precisamente, gli esseri che guidavano il Sole e la Luna nei loro percorsi attraverso il cielo. Sol e Mani erano sorella e fratello, ed entrambi erano giusti e belli.

Dopo che gli dei ebbero creato il cielo, fecero il Sole da scintille fuse che erano volate fuori dal regno infuocato di Muspelheim, e lo misero in cielo per illuminare il mondo. Per qualche motivo gli dei si arrabbiarono con Sol e Mani, o con il loro padre, Mundilfari, e presero i due per guidare il Sole e la Luna nei loro percorsi.

Sol fu costretta a guidare il carro del Sole e a guidare i suoi due cavalli, Arvak e Alsvinn. Sol doveva viaggiare a grande velocità, inseguita da un lupo di nome Skoll che alla fine l'avrebbe divorata.

Il ragazzo, Mani, fu costretto a guidare il corso della Luna. Egli controllava anche il suo aumento e la sua diminuzione. In alcuni racconti, Mani stesso rapì due umani, una ragazza di nome Bil (calante) e un ragazzo di nome Hiuki (crescente), figli di Vidfinn, mentre lasciavano un pozzo chiamato Byrgir. In seguito li costrinse a viaggiare con lui, come si poteva vedere nelle fasi lunari. Anche Mani dovette viaggiare velocemente, perché il segugio della luna, Hati Hrodvitnisson, lo seguiva all'inseguimento.

I vichinghi credevano che quando i due lupi avessero raggiunto il Sole e la Luna, li avrebbero inghiottiti e tutte le stelle sarebbero scomparse dal cielo. Sarebbe stato un segnale che il Ragnarok, la battaglia tra le forze del bene e le forze del male, stava per iniziare e che la fine del mondo era vicina.

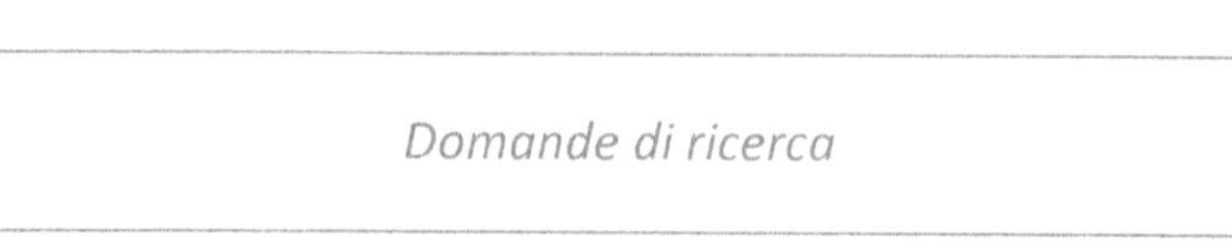

1) Cosa pensi dei ruoli di genere presenti nella società nordica?
2) Chi sono i tuoi preferiti tra tutte le divinità nordiche?

Sigi

L'antenato della stirpe dei Volsung

Sigi è un figlio del dio principale, Odino, e nonno del coraggioso guerriero Volsung, da cui prese il nome la linea di eroi Volsung, compresi Sigmund e Sigurd. Odino generò Sigi in una delle sue numerose relazioni amorose.

Sigi crebbe fino a diventare un fuorilegge e un assassino, ma in seguito divenne un re. Prima di morire, generò Rerir, che divenne il padre di Volsung. La storia della famiglia è raccontata nell'epopea scandinava in prosa "Volsunga Saga".

Domande di ricerca

1) Hai mai desiderato che ci fossero più dei e dee nordiche?
2) C'è qualcosa di unico di Sigi che apprezza?

Thor

Scritto anche Thorr, Thunor, Thonar, Donar, Donner, Thur, Thunar o Thunaer.

Dio della forza, della protezione, della guerra, delle tempeste, dei tuoni e dei fulmini

Thor è il dio del tuono e del cielo. Thor era il figlio maggiore della divinità principale, Odino, e di Jorth. Era secondo solo a Odino per importanza ed era probabilmente il dio più popolare del pantheon norreno.

Il Thor dalla barba rossa era raffigurato come molto alto, muscoloso e vigoroso. Si pensava che fosse di buon carattere, coraggioso, benevolo, valoroso e sempre pronto a combattere. La sua capacità di mangiare e bere grandi quantità era presente in diverse leggende.

Thor era il principale campione degli dei ad Asgard e il principale protettore degli umani a Midgard contro i giganti, i troll e altri esseri malvagi. Lui, più di ogni altro dio, era sempre attento ai giganti e ai demoni che minacciavano gli dei e gli umani. La sua voce roboante e i suoi occhi lampeggianti incutevano terrore ai suoi nemici. Si irritava facilmente, e quando si arrabbiava era pronto a colpire a morte i suoi avversari con Mjolnir (Miller), il martello magico che teneva sempre con sé.

Thor era ampiamente venerato dai guerrieri nordici, ma era anche venerato dagli agricoltori e dai contadini per la sua capacità di creare pioggia per i raccolti. L'immagine del martello di Thor era usata come simbolo di fertilità nei matrimoni (nella sua connessione con la pioggia e la crescita dei raccolti) e come simbolo di rinascita nelle sepolture nella religione nordica. La sua immagine, sempre raffigurata con il suo martello, si trovava comunemente nell'arte scandinava e nelle iscrizioni runiche.

Thor era senza dubbio il miglior combattente e il più forte degli dei. Viveva in una regione del cielo chiamata Thrudvangar. La sala del suo castello, chiamato Bilskirnir (Fulmine), aveva 540 stanze. Usò il martello Mjolnir in molte leggende contro i giganti del gelo e gli orchi.

Quest'arma invincibile, che produceva fulmini, aveva un'impugnatura corta e quando veniva lanciata tornava sempre, come un boomerang, nella mano di Thor. Era così potente che Thor doveva indossare speciali guanti di ferro per poterla afferrare.

La moglie di Thor era Sif, una dea della fertilità dai capelli d'oro, con la quale ebbe una figlia, Thrudr (Forza). Fu anche padre di due figli, Modi (Coraggio) e Magni (Forza), da Jarnsaxa, una gigantessa, e patrigno del figlio di Sif, Ull.

Thor viaggiava su un carro trainato da due capre, Tanngnjostr (Tooth-gnasher) e Tanngrisnir (Tooth-grinder), e quando si muoveva nel cielo, produceva il rombo del tuono, mentre dalle ruote volavano scintille. Se lo desiderava, Thor poteva macellare le capre, mangiarne la carne e riportarle in vita, purché la pelle e le ossa fossero intatte.

Thor possedeva anche una cintura magica che, quando la indossava, raddoppiava la sua forza. Nelle sue imprese era spesso accompagnato dal suo servo Thialfi, un corridore veloce che fungeva anche da suo consigliere. Anche il dio del fuoco ingannatore Loki viaggiava spesso con lui nelle terre dei giganti.

Thor intraprese molte spedizioni a Jotunheim, la terra dei giganti del gelo. In una storia, Thor si svegliò un giorno e trovò che il suo martello era sparito.

Un gigante di nome Thrym lo aveva rubato e nascosto. Il gigante avrebbe restituito il martello solo in cambio di avere la dea Freya come moglie. Thor si impegnò a impersonare la dea, indossando i suoi abiti, il suo velo e la sua ben nota collana d'oro, e andò al palazzo di Thrym con il dio Loki, che era travestito da servo di Freya. Thrym fu contento e preparò un banchetto per il matrimonio.

La sposa riuscì a divorare un bue intero, otto salmoni, tutte le spezie e tre barili di idromele. Loki disse allo stupito Thrym che Freya era stata così ansiosa di venire da lui che non aveva mangiato per una settimana. Thrym cercò di sollevare il velo di Freya per baciarla, ma fece un salto indietro quando vide che dai suoi occhi sprizzavano scintille.

Loki lo rassicurò di nuovo: Freya non aveva dormito per una settimana nell'attesa. Poi il martello fu portato e posto sulle ginocchia della sposa per la consacrazione rituale. Immediatamente Thor gettò via il travestimento e usò il martello per abbattere Thrym e tutta la festa di nozze.

Anche se non fu mai sconfitto in un combattimento leale, Thor poteva essere conquistato dalla magia, come quando un mago-gigante di nome Utgarda-Loki lo sfidò a una serie di prove delle sue capacità. Queste includevano prove del suo bere e della sua forza. Thor pensò di non aver fatto bene quando fu sfidato a bere dal corno del mago, ma non si rese conto che l'estremità del corno era nell'oceano stesso.

Poi la sua forza fu messa alla prova facendogli provare a sollevare un gatto; non sapeva che il gatto era in realtà Jormungand, l'enorme serpente di Midgard, le cui numerose spire circondavano il mondo. Fu anche sfidato a combattere contro una vecchia appassita; perse la lotta, non sapendo che lei era in realtà la personificazione della vecchiaia, che nessuno poteva battere.

Una volta, durante una spedizione di pesca, Thor agganciò Jormungand e con la sua forza monumentale fu in grado di tirare il mostro fuori dall'oceano. Riuscì quasi a issare una parte dell'enorme creatura sulla barca, anche se questa gli sputò addosso del veleno. Non riuscì però ad uccidere il serpente. Il gigante Hymir, nella barca con Thor, era così terrorizzato dal tiro alla fune tra il dio e il mostro che tagliò la lenza proprio quando Thor stava per spaccargli il cranio con il suo martello, e il serpente sprofondò di nuovo nelle profondità.

Thor era destinato a combattere nuovamente il serpente Jormungand al momento del Ragnarok, la fine del mondo. Secondo la Prosa (o Giovane) Edda, in quel fatidico momento, il miglior combattente tra gli dei sarebbe riuscito ad uccidere il serpente, ma sarebbe stato troppo impegnato a combatterlo per aiutare suo padre Odino, che sarebbe morto combattendo il feroce lupo Fenrir. Thor stesso sarebbe morto per il veleno che il serpente gli aveva sputato addosso, dopo essersi allontanato di soli nove passi dal corpo del serpente.

---

1) Quali sono le somiglianze tra Thor e Zeus?
2) Per chi emigreresti ad Asgard se ti fosse data la scelta tra Thor o Odino (o entrambi)?
3) Qual è una cosa per cui Thor è conosciuto, tra le altre cose?
4) Preferisci la versione nordica di Thor o la versione cinematografica di Thor?

Mjolnir

Si scrive anche Mjollnir.

Il martello magico di Thor

Mjolnir (Miller), produceva fulmini ed era l'arma indispensabile di Thor contro i nemici degli dei e degli uomini. Con esso, Thor era invincibile nelle battaglie contro i giganti del gelo, i giganti delle montagne, gli orchi delle colline, i troll e altri mostri e demoni che minacciavano il cielo e la terra.

Dopo essere stato lanciato, il martello tornava, come un boomerang, nella mano di Thor. Aveva un paio di guanti di ferro magico che indossava sempre quando brandiva Mjolnir, poiché senza di essi non sarebbe stato in grado di afferrare la potente asta del martello. Il popolo nordico credeva che quando la terra fu colpita da un fulmine, Thor avesse mandato il suo martello a schiantarsi sulla terra.

Mjolnir fu forgiato da un nano di nome Sindri. Mentre lo stava creando, Loki, il dio del fuoco ingannatore, si travestì da mosca e tentò di interferire con il lavoro di Sindri ronzandogli intorno. Di conseguenza, il manico di Mjolnir era insolitamente corto. Tuttavia, un colpo del martello di Thor era così potente da provocare la morte istantanea.

Sebbene Mjolnir potesse essere portatore di morte, era anche un simbolo di vita e fertilità in relazione all'influenza di Thor sulle piogge e, per estensione, sui buoni raccolti. Portava benedizioni durante il matrimonio, tenendo i poteri maligni lontani dalla coppia di sposi e promettendo fecondità alla sposa.

L'immagine del martello di Thor è stata trovata su molte stele funerarie, incisioni rupestri e pietre che portano iscrizioni runiche. Durante la prima era cristiana in Scandinavia, potrebbe anche essere stato usato come segno di protesta contro la legge che solo la croce di Cristo poteva essere raffigurata sui monumenti.

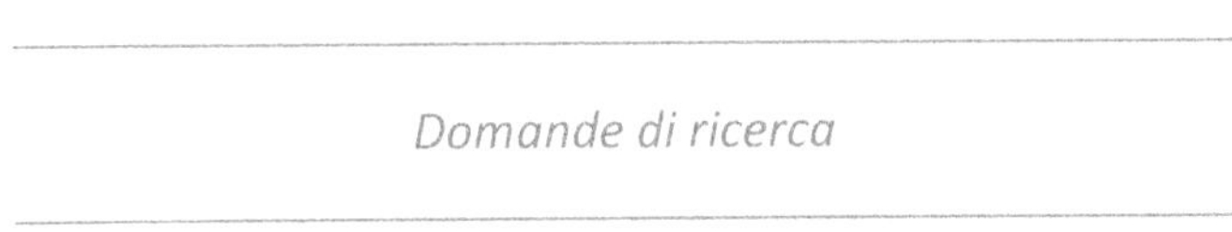

Domande di ricerca

1) Avete mai visto il martello di Thor in televisione?
2) Preferiresti avere un Mjolnir con un solo uso o una mela con un frutto di vita infinita?
3) Come pronunciare Mjölnir?

Tyr

Si scrive anche Tiw.

Dio della guerra, della giustizia in battaglia, della vittoria e della gloria eroica

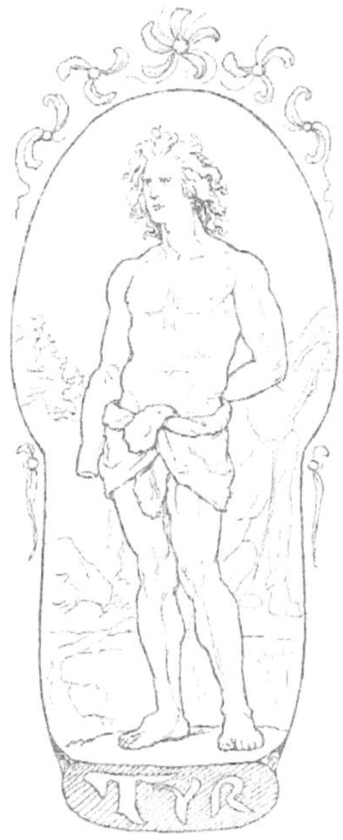

La parola inglese Tuesday deriva dal nome Tyr, e la parola tedesca per martedì, Dienstag, è legata al dio, così come la vecchia parola norrena thing, che significa un'assemblea di guerrieri.

Tyr è un dio della guerra e del coraggio. Figlio del dio principale Odino, Tyr perse la mano destra quando fu morso al polso dal mostruoso lupo Fenrir. Secondo la 'Prose (o Younger) Edda', Tyr era il più coraggioso e valoroso degli dei, e aveva un grande potere sulla vittoria nelle battaglie.

Anche se oggi si sa poco del suo culto, si ritiene che Tyr sia il più antico degli dei dell'Europa nord-occidentale. La sua importanza per i primi popoli germanici non è contestata, ma è difficile determinare la sua precisa funzione e significato. Il suo nome è stato associato agli dei romani Giove e Marte, e alle assemblee in cui i guerrieri risolvono le dispute.

Si sa anche che Tyr aveva qualcosa a che fare con la magia runica e la sacralità dei giuramenti. Quando l'importanza di Odino cominciò ad aumentare nel pantheon norreno, a partire dal I secolo d.C., la probabile posizione di Tyr come dio principale fu eclissata.

Anche la sua funzione di dio della battaglia diminuì con l'aumento della popolarità di Thor. Ai tempi della 'Prosa Edda', Tyr era conosciuto come un dio a cui "gli uomini d'azione" dovevano pregare, ed era associato principalmente al mito del guinzaglio del lupo Fenrir.

Secondo questa leggenda, quando Fenrir era ancora un cucciolo, Tyr intraprese il pericoloso compito di nutrirlo. Cresceva così rapidamente che gli dei si resero conto che avrebbe potuto distruggerli. Tentarono di incatenarlo con il pretesto di testare la sua forza, ma per due volte il lupo ruppe le catene.

Infine, gli dei incaricarono i nani di forgiare una catena più forte, ed essi produssero una corda magica, Gleipnir. Fenrir era giustamente sospettoso di questa corda - che, a differenza delle altre catene, era sottile come un nastro - ma piuttosto che mettere in dubbio il suo coraggio, disse che avrebbe permesso loro di mettergliela addosso se qualcuno gli avesse messo contemporaneamente la mano in bocca come pegno di buona fede. Nessuno degli dei, naturalmente, voleva farlo.

Poi Tyr si fece avanti e silenziosamente mise la sua mano destra nella bocca del lupo. Solo allora il lupo si lasciò legare. Fenrir scalciò e si sforzò di stringere il legame e si rese conto che non poteva romperlo, e che gli dei non lo avrebbero lasciato andare.

Si rese conto di essere stato ingannato, e chiuse la bocca sulla mano di Tyr, mordendola. Questa mutilazione sacrificale, fatta per il bene del mondo, dimostra il legame di Tyr con il rispetto dei giuramenti.

A Ragnarok, la battaglia tra dei e demoni che doveva aver luogo alla fine del mondo, Tyr era destinato a uccidere e allo stesso tempo a essere ucciso da Garm, il segugio di Hel, la dea degli inferi.

1) Cosa pensi di Tyr?
2) Se ti fosse data l'opportunità di incontrare un qualsiasi dio nordico, ci andresti?
3) Se dovessi abbinare una dea nordica e un gigante nordico, chi sarebbero?

Ull

Si scrive anche Ullr.

Un dio associato agli sci e all'arco

Ull è un dio cacciatore. Era il figlio di Sif, che era sposata con il dio del tuono, Thor. Era un superbo arciere e sciatore con le racchette da neve, ed era il dio da invocare quando si stava per ingaggiare un combattimento singolo.

Mentre non si sa molto su Ull, ci sono prove del suo culto in vaste aree della Scandinavia, in particolare nelle province centrali della Svezia e della Norvegia. Era fisicamente bello e nobile. Il suo nome significa "magnifico". Secondo un mito, una volta Ull aveva regnato come divinità principale per un periodo di dieci anni mentre il dio principale, Odino, era stato bandito dagli altri dei per le sue scappatelle romantiche. Al ritorno di Odino, Ull andò in Svezia e imparò l'arte della magia.

Ull divenne un mago così potente che era in grado di navigare sul mare in un osso che aveva inciso con segni magici. Il suo sport preferito, tuttavia, era inseguire la selvaggina con arco e frecce attraverso le montagne con le sue veloci racchette da neve.

76

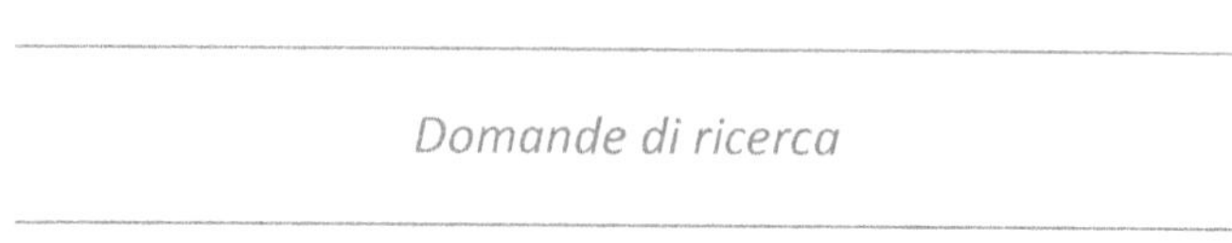

Domande di ricerca

1) Nominare uno dei tratti di Ull
2) Hai un mito nordico preferito o una leggenda nordica che si riferisce all'agricoltura o alla vita agricola?

Vali

Si scrive anche Ali.

Dio della vendetta

Vali è un figlio del dio principale, Odino, e di una gigantessa chiamata Rinda. Anche se non si sa molto di lui, secondo la 'Prosa (o Giovane) Edda', era audace in battaglia e un eccellente tiratore.

Vali è diventato adulto in un solo giorno. Non si lavò mai le mani né si pettinò. Vali uccise il dio cieco Hod, un altro figlio di Odino, per vendicare la morte del dio buono e bello Balder, che Hod era stato ingannato a uccidere dal dio del fuoco ingannatore Loki. Quindi Vali è associato agli atti di vendetta.

Vali, insieme a suo fratello, Vidar, e a due figli di Thor chiamati Modi e Magni, si credeva fossero gli unici dei che sarebbero sopravvissuti al Ragnarok, la battaglia alla fine del mondo.

Domande di ricerca

1) Conosci altri scritti o film famosi che reimmaginano il mondo in un'ambientazione dell'epoca vichinga?
2) Quali sono i tuoi pensieri sul futuro della mitologia norrena, visto che è stata una delle mitologie più utilizzate nella cultura popolare?

Vili & Ve

Chiamato anche Lothur.

Dei della Terra

Odino, Vili e Ve, i tre figli di Bor e della gigantessa Bestla, erano i primi dei Aesir. Erano forti, giusti e buoni, e condussero una guerra contro il gigante Ymir e la sua progenie, i terribili giganti del gelo.

Insieme Odino, Vili e Ve uccisero Ymir. Presero il suo enorme corpo e lo misero nel mezzo del Ginnungagap, l'abisso che si estendeva dal ghiaccio ghiacciato di Niflheim al regno infuocato di Muspelheim. Dal corpo di Ymir crearono il paesaggio del mondo: crearono la terra dalla sua carne; le montagne dalle sue ossa; i massi e le rocce dai suoi denti e dalle sue nocche rotte; i laghi, i fiumi e i mari dal suo sangue; gli alberi e l'erba dai suoi capelli.

Collocarono il suo cranio in alto sopra la Terra per formare il firmamento. Il cervello di Ymir divenne le nuvole che fluttuavano all'interno di questo cielo fatto dal teschio. Ognuno dei quattro angoli del cielo era sorretto da un nano; i loro nomi erano Est, Ovest, Sud e Nord.

Un giorno, dopo aver completato questo compito, i tre Aesir stavano camminando sulla riva del mare quando trovarono due pezzi di legno alla deriva: uno di quercia e l'altro di frassino. Da questi, gli dei intagliarono due esseri, il primo uomo e la prima donna.

Odino diede loro il respiro e la vita, Vili diede loro la comprensione e il potere di sentire, e Ve diede loro il calore e i sensi umani di parola, udito e vista. I tre dei diedero loro dei vestiti da indossare. L'uomo fu chiamato Ask (cenere) e la donna Embla (quercia), e tutti gli esseri mortali discendono da loro. Gli dei designarono Midgard come luogo in cui questi esseri mortali potevano vivere.

Una storia leggermente diversa della creazione del genere umano appare nell'Edda poetica (o più antica). In questa versione, i tre figli di Bor sono chiamati Odino, Hoenir e Lothur.

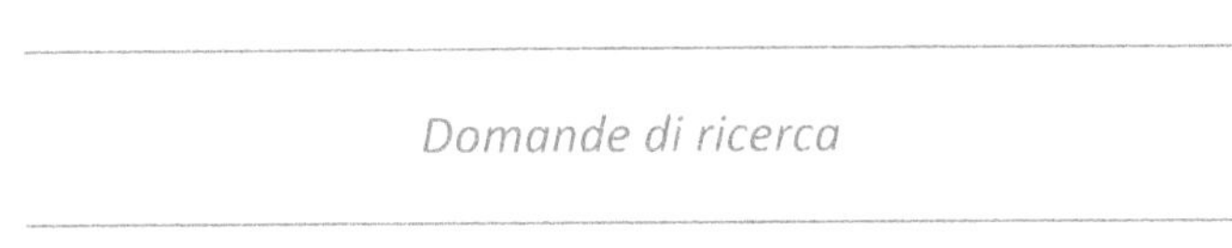

Domande di ricerca

1) Quanti dei, dee e giganti norreni ci sono in totale?
2) Qual è un dio, una dea o un gigante nordico meno conosciuto che riesci a ricordare?

Vidar

Si scrive anche Vithur.

Dio della vendetta

Un dio forte e silenzioso che era il figlio del dio principale Odino, e che era
destinato a sopravvivere al Ragnarok, la battaglia alla fine del mondo.
Anche se non si sa molto di Vidar, secondo la 'Prosa (o Giovane) Edda', era
quasi uguale in forza a Thor ed era una fonte di grande sostegno per gli
altri dei in qualsiasi tipo di pericolo.

Durante il Ragnarok, il lupo mostruoso Fenrir avrebbe inghiottito Odino e
lo avrebbe ucciso. Immediatamente, Vidar si sarebbe fatto avanti e
avrebbe calpestato la mascella inferiore del lupo.

Sul piede con cui ha calpestato la mascella, avrebbe indossato una scarpa
il cui materiale è stato raccolto nel corso del tempo. La scarpa sarebbe
fatta con i pezzi della punta e del tacco che venivano tagliati e gettati via
quando si facevano le scarpe della gente. Per questo motivo, si pensava
che qualsiasi popolo nordico che desiderasse assistere gli Aesir dovesse
gettare quei pezzi.

Con una mano, Vidar avrebbe ucciso il lupo afferrando la sua mascella superiore e strappandogli la bocca. Poi avrebbe trafitto il cuore del lupo con la sua spada, vendicando la morte di suo padre. Vidar sarebbe stato uno dei pochi dei a sopravvivere alla battaglia, e in seguito avrebbe abitato nei luoghi sacri degli dei in un nuovo mondo.

---

1) Cosa ti piace di più di Vidar?
2) Conosci una storia interessante o sciocca sugli dei, le dee e i giganti nordici?

Asynjur

Anche scritto Asyniur.

Le dee degli Aesir, guidate da Frigg

Nota: anche le fanciulle di Odino, le Valchirie, sono considerate Asynjur.

Collettivamente, le dee della mitologia norrena. In norreno antico, la parola è la forma femminile di Aesir. C'erano molte dee nel pantheon norreno, ma poche informazioni sopravvivono oggi sulla maggior parte di esse.

Anche se i popoli nordici davano grande importanza alle sacerdotesse nei loro culti e un alto valore al consiglio delle donne, tuttavia la mitologia dei vichinghi attingeva principalmente dalla sua cultura incentrata sulla battaglia e sui guerrieri, e quindi la maggior parte delle storie che sono sopravvissute sono quelle degli dei e non delle dee.

Alcune delle Asynjur sono ben note di per sé e sono menzionate in specifici miti norreni. Sono spesso citate nel loro ruolo di moglie di un particolare dio: La moglie di Odino, Frigg; la moglie di Thor, Sif; la moglie di Balder, Nanna; la moglie di Njörd, Skadi; la moglie di Frey, Gerd; la moglie di Loki, Sigyn; e la moglie di Bragi, Idunn. Nel caso della maggior parte degli Asynjur, tuttavia, poco o niente altro è noto a parte i loro nomi.

La "Prosa (o Giovane) Edda" islandese del 13° secolo nomina Frigg come la più alta delle Asynjur. La dea della fertilità Freya è la più alta in grado, dice, anche se la sua origine non è con gli Aesir ma con i Vanir.

La 'Prose Edda' nomina anche le seguenti figure come Asynjur: Eir, un ottimo medico; Gefiun, una dea vergine che veglia sulle vergini; Fulla, la confidente di Frigg; Siofn, una dea dell'amore e dell'affetto; Lofn, una dea che benedice i matrimoni e supplica Odino e Frigg per i casi di amanti a cui è stato rifiutato il permesso o vietato di sposarsi; Var, che ascolta i giuramenti e gli accordi privati tra uomini e donne e punisce chi li infrange; Vor, dea saggia a cui nulla può essere nascosto; Syn, dea della negazione, che sorveglia le porte delle sale e le chiude contro chi non può entrare; Hiln, dea del rifugio, il cui compito è quello di proteggere le persone che Frigg vuole salvare dal pericolo; Snotra, dea della saggezza e della cortesia; Gna, che viaggia sul cielo e sul mare sul suo cavallo, Hofvarpnir, per eseguire i desideri di Frigga; Sol, che guida il carro del sole; Bil, la compagna della luna; la madre di Thor, Iord; la madre di Vali, Rind; e Saga, il cui nome significa "storia".”

---

1) Qual è il dio o la dea nordica più pericoloso?
2) Riesci a pensare a qualche nome di dio o dea norrena cazzuta che sia simile ai nomi comuni?

Frigg

Si scrive anche Friggu.

Dea dell'amore, del matrimonio, della fertilità, della famiglia, della civiltà e profetessa

I romani associavano Frigg a Venere. Frigg appare nel ciclo operistico di Richard Wagner 'L'anello dei Nibelunghi' come la dea Fricka, moglie del dio più alto, Wotan (la versione germanica di Odino)

Frigg è la dea principale, moglie del dio principale Odino. Il suo nome significa "moglie" o "amata", ed era la dea del matrimonio, associata all'amore e alla fertilità. Uno dei suoi figli era l'amato ma condannato dio Balder.

Nel regno celeste di Asgard, Frigg viveva in un magnifico palazzo chiamato Fensal. A volte si vestiva con il piumaggio dei falchi e delle aquile, e poteva anche viaggiare sotto forma di questi uccelli.

Frigg aveva 11 ancelle: Fulla, Hlin, Gna, Lofn, Vjofn, Syn, Gefjon, Snotra, Eir, Var e Vor, che aiutavano la dea nel suo ruolo di dea del matrimonio e della giustizia. Essi sono a volte considerati come vari aspetti di Frigg stessa piuttosto che esseri distinti.

Sia nell'Edda poetica (o più antica) che nell'Edda in prosa (o più giovane) Frigg è nominata come moglie di Odino e come madre degli Aesir. Come moglie di Odino era la più alta delle Asynjur, le divinità femminili nel pantheon norreno. Sebbene Frigg amasse Odino, era nota per aver avuto una relazione occasionale. Anche Odino non era un marito fedele; i rivali di Frigg includevano Rind, Gunnlod e Grid.

Frigg era anche una veggente che conosceva il futuro ma non ne parlava mai, nemmeno a Odino, anche se lui sapeva che aveva questo potere. Frigg non è menzionata a lungo nella letteratura sopravvissuta. Il suo ruolo più importante è nella storia della morte di Balder.

Dopo che suo figlio Balder cominciò ad avere sogni in cui era in grande pericolo, Frigg viaggiò ovunque sulla Terra, chiedendo a tutto il mondo di non fare del male a suo figlio.

Una volta fatte queste promesse, gli dei cominciarono a divertirsi lanciandogli armi e scagliando frecce per sport, dato che qualsiasi cosa gli scagliassero contro sarebbe stata semplicemente deviata. Ma Loki, il dio del fuoco ingannatore, ingannò Frigg facendole confidare che aveva escluso un giovane rametto di vischio dal fare il voto.

Loki uscì immediatamente e raccolse un fusto di vischio, lo riportò all'assemblea dove gli dei si stavano ancora divertendo a lanciare oggetti a Balder, e ingannò il dio cieco Hod a lanciarlo a Balder, che fu immediatamente ucciso.

Si ritiene che Frigg abbia avuto origine da una dea Madre della Terra molto più antica e ampiamente venerata, identificata come Jorth (scritto anche Jörth o Iord), Fjorgyn o Nerthus. Nella 'Prosa Edda', Frigg è identificata come la figlia di Fjorgyn (anche scritto Fiorgvin, Fjorgvin, o Fiorgyn). Frigg è talvolta confusa anche con la dea Freya - entrambe sono divinità dell'amore e della fertilità. Anche altre dee, di cui non si sa quasi nulla, sono identificate con Frigg, comprese alcune di quelle nominate come sue serve: Gefjon, Hlin, Saga e Eir.

Domande di ricerca

1) Chi è la tua dea norrena preferita?
2) Quale dea greca è simile a Figg?

Gerd

Dea della fertilità, che è associata alla terra

Gerd è una delle dee Asynjur e moglie del dio della fertilità Frey. Figlia dei giganti di montagna Gymir e Aurboda, Gerd era, secondo la 'Prosa (o Giovane) Edda', la più bella di tutte le donne.

Frey sposò Gerd dopo aver sofferto un lungo attacco di mal d'amore. Frey aveva avvistato Gerd un giorno mentre sedeva sull'alto trono di Odino, Hlidskjalf. La vide nella fattoria di suo padre a Jotunheim, la terra dei giganti, mentre entrava in un grande edificio. Frey si innamorò profondamente, e cominciò a struggersi disperatamente per Gerd.

Gerd sarebbe morto di mal d'amore se il suo servo Skirnir non si fosse offerto di andare a Jotunheim e chiedere la mano di Gerd per conto di Frey. In cambio di questa pericolosa commissione, tuttavia, Skirnir chiese la spada magica di Frey. Frey accettò e, armato di questa spada, Skirnir fu in grado di affrontare i pericoli di Jotunheim.

Le terre di Gymir erano ben protette: le mura erano circondate da fiamme, e cani feroci e un guardiano pattugliavano la porta. Skirnir, tuttavia, superò tutti gli ostacoli e Gerd, sentendo il trambusto che ne derivava, venne alla porta. Skirnir le disse perché era venuto e le offrì 11 mele d'oro puro e l'anello magico di Odino, Draupnir, se lei avesse sposato il suo padrone.

Quando lei rifiutò, Skirnir brandì con rabbia la spada magica di Frey e minacciò di incidere delle rune magiche in un incantesimo che avrebbe mandato Gerd in una landa desolata e l'avrebbe fatta sparire come un cardo nel ghiaccio. Gerd si spaventò e in un gesto di riconciliazione offrì a Skirnir una ciotola di idromele. Poi accettò di incontrare e sposare il dio nove notti dopo.

A parte la sua relazione con Frey, poco è detto di Gerd nella letteratura sopravvissuta. Gerd aveva una sorella di nome Belli e potrebbe essere stata la personificazione dell'Aurora Boreale, l'aurora boreale.

Domande di ricerca

---

1) Quali sono alcuni argomenti meno conosciuti riguardanti le storie nordiche che sarebbe assolutamente affascinante ascoltare?
2) Quale tratto della personalità manca alla maggior parte degli dei nordici?

Idunn

Scritto anche Idun, Ithunn, Ithun o Iduna.

Dea della primavera e del ringiovanimento

Idunn è la dea che custodiva e distribuiva le mele d'oro della giovinezza, e moglie di Bragi, il dio della poesia. Idunn era una presenza essenziale nel regno celeste di Asgard, perché senza le sue mele, gli dei diventavano vecchi e infermi come qualsiasi mortale.

Una delle principali leggende su Idunn riguarda un episodio in cui viene rapita dal gigante Thiassi. La storia del rapimento e del recupero di Idunn è raccontata nella sezione "Skaldskaparmal" della 'Prose (o Younger) Edda'.

Durante un viaggio attraverso le montagne, gli dei Odino, Loki e Hoenir (Vili) ebbero fame. Scesero in una valle e videro una mandria di buoi, così presero uno dei buoi e lo misero in un forno di terra. Più volte, ritenendo che la carne dovesse essere pronta, controllarono il forno, solo per scoprire che era ancora cruda. Una grande aquila, seduta su una quercia sopra di loro, disse che era lui il responsabile, e che se gli dei gli avessero concesso il bue, il forno lo avrebbe cotto. Gli dei accettarono.

L'aquila si sedette sul forno e immediatamente divorò i due prosciutti del bue ed entrambe le spalle. Loki si arrabbiò, prese una grande asta e la scagliò contro l'aquila con tutta la sua forza. L'aquila si scostò e volò in alto con un'estremità del palo attaccata al suo corpo e l'altra estremità nelle mani di Loki. L'aquila volò così che i piedi di Loki sbatterono contro le pietre, la ghiaia e gli alberi e Loki pensò che le sue braccia sarebbero state strappate dalle sue spalle. Loki gridò e pregò l'aquila di liberarlo, ma l'aquila disse che Loki non si sarebbe mai liberato se non avesse giurato solennemente di attirare la dea Idunn fuori da Asgard con le sue mele.

Loki accettò le condizioni. L'aquila lo liberò ed egli trovò la strada per tornare dagli altri due dei, ma non disse loro nulla di quello che era successo. All'ora concordata Loki attirò Idunn fuori da Asgard in una foresta, dicendo che aveva trovato delle mele che pensava lei avrebbe voluto, e le disse di portare le sue mele per confrontarle. Poi arrivò l'aquila. L'aquila era in realtà il gigante Thiassi travestito. Egli afferrò Idunn e volò via con lei nella sua casa, chiamata Thrymheim.

Senza le mele della giovinezza di Idunn, gli altri dei divennero presto grigi e vecchi. Gli dei tennero allora un consiglio sulla sua misteriosa scomparsa e si chiesero a vicenda quando avevano visto Idunn per l'ultima volta. Scoprirono che l'ultima volta che era stata vista era con Loki. Loki fu arrestato, portato al consiglio e minacciato di morte o tortura. Nel terrore per la sua vita, disse che sarebbe andato a cercare Idunn a Jotunheim (Giantland) se Freya gli avesse prestato la forma di un falco che possedeva.

In questa forma di falco, volò a nord verso Jotunheim e arrivò un giorno a Thrymheim. Thiassi era in mare in una barca, ma Idunn era a casa da sola. Loki la trovò e la trasformò in forma di dado. La tenne tra i suoi artigli e volò più veloce che poteva verso Asgard. Quando Thiassi arrivò a casa e trovò Idunn sparita, assunse la sua forma di aquila e volò dietro a Loki. Volò così veloce e forte che causò venti di tempesta.

Da Asgard, gli dei potevano vedere il falco che si avvicinava con la noce nell'artiglio e l'enorme aquila che lo inseguiva. L'aquila lo stava raggiungendo. Uscirono dalla loro fortificazione e ammucchiarono un sacco di trucioli di legno.

Non appena il falco volò oltre il muro per mettersi in salvo, gli dei diedero fuoco ai trucioli di legno. Incapace di rallentare abbastanza velocemente, l'aquila volò nel fuoco, e gli dei furono in grado di ucciderla dentro le porte di Asgard. L'uccisione del gigante Thiassi fu un atto di grande fama tra gli dei, e non appena ebbero di nuovo le mele di Idunn, riacquistarono la loro giovinezza e il loro vigore.

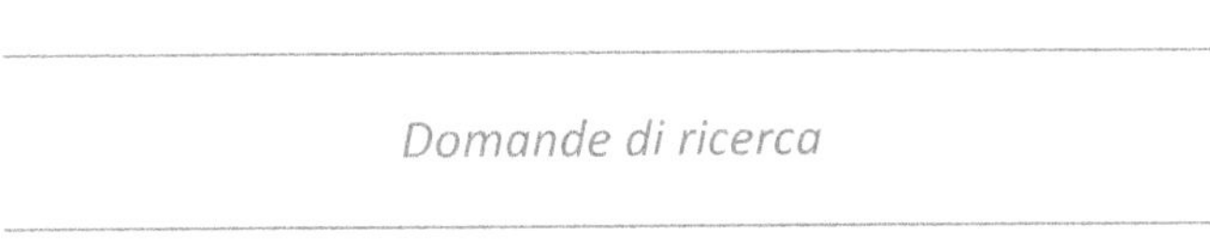

1) Come descriveresti la personalità di una particolare divinità, basandoti su un tratto?
2) Quale storia nordica ha avuto l'impatto maggiore su come vedi te stesso o ti relazioni con gli amici?

Nanna

Dea associata alla gioia, alla pace e alla luna

Nanna è una dea e la moglie del bellissimo dio Balder. Era la madre di Forseti, il dio della giustizia. Il suo nome significa "madre dei coraggiosi". Poco si sa di Nanna tranne che nella sua connessione con Balder. La 'Prose (o Younger) Edda' menziona che era la figlia di Nep, che era probabilmente un gigante.

Dopo che Balder fu ucciso con l'inganno del dio del fuoco Loki, tutti gli dei e molti altri esseri si riunirono per un grande rito funebre. Nanna fu così colpita dal dolore che crollò durante il funerale e morì d'angoscia. Fu immediatamente portata alla pira di Balder sulla nave funeraria e deposta accanto al marito, ed entrambi i corpi furono bruciati insieme mentre la nave fu gettata in mare.

Tutti gli dei erano così addolorati dalla perdita di Balder che il dio Hermod viaggiò negli inferi per cercare di negoziare con la dea Hel il ritorno di Balder nel regno celeste di Asgard.

Mentre si trovava a Hel, Hermod visitò i fantasmi di Balder e Nanna. Nanna - ancora una signora premurosa e gentile anche a Hel - diede a Hermod una veste di lino per Frigg, la moglie del dio principale, Odino, insieme ad altri doni da riportare ai vivi.

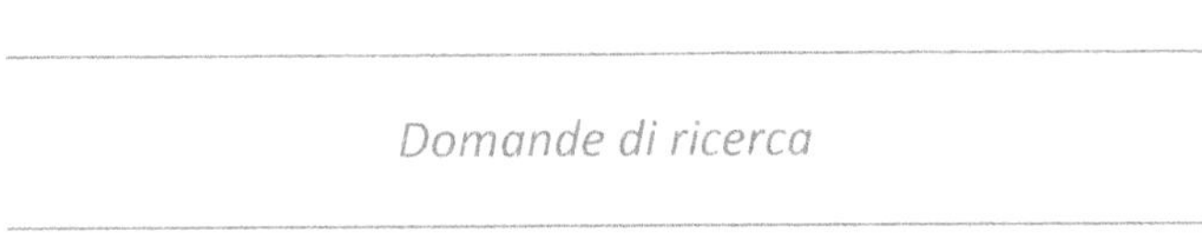

Domande di ricerca

1) Chi era il più mostruoso di tutti gli Dei, Dei, Dee o Giganti norreni secondo te?
2) Quali sono i tuoi film preferiti sulla mitologia norrena?

Sif

Dea del raccolto e della terra

Sif è la moglie del dio del tuono, Thor. Sif era una gigantessa, dea del grano e della fertilità, e una delle Asynjur. Era la madre di Ull, dio del tiro con l'arco, dello sci e del combattimento singolo. Sif era la seconda moglie di Thor e Ull era il suo figliastro.

I capelli dorati di Sif, che simboleggiavano il suo legame con la fertilità della terra e il raccolto del grano, erano spesso lodati. Era nota per essere molto vanitosa della sua bellezza.

Secondo la leggenda, Loki, il dio del fuoco dispettoso e burlone, tagliò i capelli di Sif mentre dormiva (in una versione, li brucia). Thor era così arrabbiato che costrinse Loki a sostituire i capelli di Sif con una parrucca, realizzata dai nani e fatta con fili d'oro finissimi.

Sif è ritenuta da alcune autorità l'equivalente della dea anglosassone Sib e della teutonica Sippia.

1) Perché la gente dovrebbe scegliere di adorare alcuni di questi esseri più violenti come Odino o Thor?
2) Da dove vengono i giganti nordici?

Sigyn

Dea della terra

Sigyn è una delle dee Asynjur e la moglie di Loki, il dio del fuoco ingannatore. Il suo nome significa "Datore di vittoria". Da Loki ebbe un figlio chiamato Nari, o Narfi. Ma non si sa molto di Sigyn dalla letteratura sopravvissuta, tranne che nella sua connessione con il destino di Loki.

La 'Prosa (o Giovane) Edda' racconta come il malvagio dio Loki, responsabile dell'omicidio dell'amato dio Balder, fu finalmente catturato dagli dei Aesir. Loki fu portato in una grotta e legato a tre lastre di pietra. La dea Skadi mise poi un serpente velenoso sopra la testa di Loki in modo che il veleno bruciante gli colasse sulla faccia.

Loki era condannato a rimanere nei suoi legami fino al Ragnarok, la battaglia finale tra le forze del bene e del male, quando si sarebbe liberato e avrebbe guidato gli abitanti degli inferi nella battaglia contro gli dei. Fino a quel momento, Sigyn, la sua fedele moglie, si accovacciò tra lui e l'enorme serpente sopra la sua testa.

Sigyn catturò pazientemente ciascuna delle gocce di veleno in una bacinella. Ogni volta che la bacinella si riempiva, però, doveva svuotarla, e così, per quel breve periodo, il veleno arrivava sulla fronte di Loki e lo bruciava. Poi si contorceva in agonia e tirava i suoi legami, e la terra rimbombava e tremava per la forza. Questa era la spiegazione norrena dei terremoti.

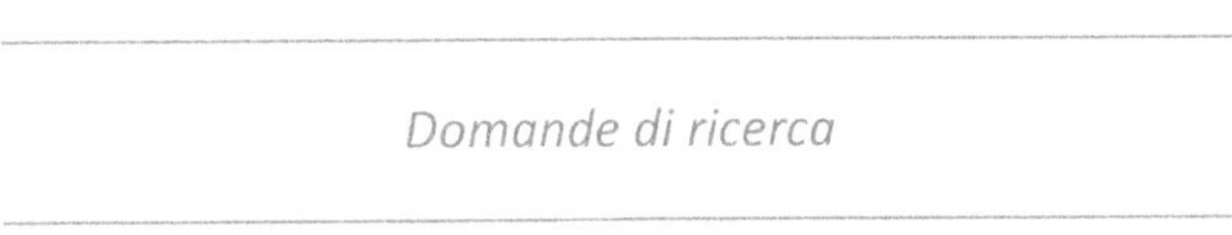

Domande di ricerca

1) Potresti credere ai racconti e alle leggende nordiche su dei e dee se fossi nato prima? Perché o perché no?
2) Perché così tante storie nordiche coinvolgono Loki?

Vanir

Una razza di divinità norrene che guerreggiò contro gli Aesir e poi si riconciliò con loro

I Vanir sono una delle due principali razze di dei. Le storie dell'altra razza principale, i bellicosi Aesir, hanno predominato nella mitologia norrena che è arrivata attraverso l'Edda poetica (o più vecchia) e l'Edda in prosa (o più giovane).

I Vanir, che erano associati più all'agricoltura, sono quindi meno conosciuti degli Aesir. Anche se erano subordinati agli Aesir, tuttavia, si ritiene che i Vanir abbiano preceduto gli Aesir.

Gli dei e le dee Vanir includevano Boda, Bil, Eir, Fimila, Fjorgyn, Freya, Frimla, Fulla, Gefjon, Gerda, Gna, Hnossa, Horn, Njord, Saga, Sit, Siguna e Vanadis. Le dee Frigg e Nanna erano entrambe Vanir, sebbene fossero sposate agli dei Aesir Odino e Balder. Skadi, moglie di Njord, è annoverata tra le Vanir anche se era figlia di un gigante. Alcuni studiosi credono che la parola Scandinavia derivi da Skadi.

La dimora dei Vanir era Vanaheim. Lì governavano i poteri della natura, della ricchezza, della fertilità e del commercio. È stato suggerito che i popoli tra i quali gli dei Vanir ebbero origine fossero uomini di mare, poiché molti dei Vanir avevano legami speciali con il mare.

Secondo la tradizione, molto tempo fa gli Aesir e i Vanir combatterono una guerra. Secondo un racconto, la guerra iniziò quando i Vanir attaccarono gli Aesir perché gli Aesir avevano torturato la dea Gullveig, una sacerdotessa o maga Vanir. I Vanir indignati chiesero una soddisfazione monetaria o la parità di status tra gli dei.

Ma gli Aesir rifiutarono e dichiararono guerra ai Vanir. Entrambe le parti combatterono coraggiosamente, ma nonostante la loro abilità in combattimento, gli Aesir subirono numerose sconfitte. La maggior parte dei resoconti dice che la guerra finì con una tregua quando nessuna delle due parti riuscì a ottenere una vittoria decisiva.

Fu concordato che per fare la pace, ogni parte avrebbe preso degli ostaggi dall'altra. Così, gli dei Aesir Hoenir e Mimir furono mandati a vivere tra i Vanir, mentre il dio Vanir Njord e i suoi due figli, Frey e Freya, si stabilirono tra gli Aesir. In seguito, questi dei Vanir furono associati agli Aesir.

La pace fu simbolicamente ripristinata da un rituale in cui entrambe le parti sputarono in Odherir, un calderone magico, mescolando la loro saliva. Dalla loro saliva combinata, si formò un dio-poeta chiamato Kvasir, che era il più saggio dei saggi. In alcuni racconti Kvasir fu ucciso dai nani; in altri, egli stesso era un nano. Il suo sangue fu mescolato con il miele e ne risultò un idromele magico che ispirava chiunque lo bevesse a parlare con poesia e saggezza.

Domande di ricerca

---

1) Con quale dio o dea norrena pensi che sarebbe più difficile vivere?

2) Chi era la dea norrena della malizia?

Frey

Si scrive anche Freyr.

Dio dell'agricoltura, della prosperità, della vita e della fertilità

Frey è un dio della ricchezza e del raccolto, e dio patrono della Svezia e dell'Islanda. Il bel Frey aveva potere su pioggia e sole, raccolti abbondanti, fortuna, felicità e pace. Era il fratello della dea della fertilità Freya. Suo padre era Njord, un dio del mare, che regnava anche sulla prosperità e sui buoni raccolti.

Frey e Freya erano divinità Vanir associate all'agricoltura e subordinate ai bellicosi dei Aesir, che erano associati alla battaglia e alla vittoria.

Secondo i miti, una volta era scoppiata una guerra tra gli dei Aesir e gli dei Vanir. Come parte del trattato di pace ci fu uno scambio di ostaggi, e Njord, Frey e Freya lasciarono Vanaheim, la casa dei Vanir, e andarono a vivere con gli dei Aesir ad Asgard.

Ad Asgard, Njord era sposato con Skadi, figlia di un gigante di nome Thiassi, ma secondo un resoconto, la madre di Frey e Freya era la sorella di Njord stesso, che aveva sposato a Vanaheim prima di diventare un ostaggio.

Frey governava il dominio degli elfi. Aveva un cavallo magico chiamato Blodighofi (Bloody-Hoofi). Guidava anche un carro splendente che poteva viaggiare sia per aria che per mare, tanto facilmente di notte quanto di giorno. Questo carro era trainato da un cinghiale dalle setole dorate chiamato Gullenbursti. Un culto del cinghiale era quindi associato a Frey; ancora oggi in Svezia sopravvive un'usanza in cui le torte di Yule sono cucinate a forma di cinghiale. In diverse fonti Frey è descritto come l'antenato della linea dei re svedesi.

La nave magica di Frey, Skidbladnir, andava sempre dritta verso la sua destinazione ed era abbastanza grande da contenere tutti gli Aesir nel loro schieramento da battaglia, ma abbastanza portatile da essere ripiegata nella tasca di Frey quando era a terra.

Frey sposò Gerd, figlia dei giganti di montagna Gymir e Aurboda, dopo un lungo periodo di mal d'amore. Un giorno Frey si era avventurato a sedere sull'alto trono di Odino, Hlidskjalf, dal quale si poteva vedere tutto ovunque. Nel lontano nord di Jotunheim, la terra dei giganti, Frey vide una grande fattoria appartenente al padre di Gerd.

Frey vide Gerd entrare in un edificio e fu sopraffatto dalla sua bellezza. Si innamorò profondamente e cominciò a struggersi disperatamente per Gerd. Lasciò il trono di Odino, pieno di dolore. Quando arrivò a casa, non voleva parlare, dormire o bere. Njord chiese a Skirnir, il servo di Frey, di scoprire cosa ci fosse di sbagliato in suo figlio. Frey confessò a Skirnir che era così pieno di dolore per amore di Gerd che non avrebbe vissuto a lungo se non avesse potuto averla.

Skirnir accettò di andare a Jotunheim e chiedere la mano di Gerd per conto di Frey, se Frey gli avesse dato la sua spada, un'arma magica che oscillava da sola. Skirnir andò a fare la commissione e convinse Gerd ad accettare di sposare Frey. Disse che avrebbe incontrato Frey e lo avrebbe sposato in un bosco sacro chiamato Barey nove notti dopo. Quando Skirnir riportò la risposta a Frey, il suo cuore era pieno di gioia.

Al momento del Ragnarok, la battaglia finale tra gli dei e le forze del male che avrebbe avuto luogo alla fine del mondo, Frey era destinato ad essere uno dei primi dei a morire; avrebbe combattuto il gigante di fuoco Surt e sarebbe perito perché non aveva più la sua spada magica.

1) Cosa faresti se Frey fosse davanti a te in questo momento?
2) Quali sono i ruoli di Frey nel Pantheon norreno?

Freya

Dea della fertilità, dell'amore, della bellezza, della magia, della guerra e della morte

Freya è la dea dell'amore, della bellezza, della giovinezza e della fertilità. Suo fratello era Frey, anche lui un dio della fertilità e, come il loro padre, Njord, un dio della ricchezza.

La più bella delle dee Asynjur, Freya era considerata seconda in grado solo a Frigg, la moglie di Odino, con la quale veniva talvolta confusa. Freya era anche la dea di una forma di magia, chiamata seiyr, che insegnò a Odino e agli altri Aesir.

Come suo fratello e suo padre, Freya era una delle divinità agricole Vanir piuttosto che quelle guerriere Aesir, ma fu mandata a vivere tra gli Aesir nel loro regno celeste di Asgard come parte di un trattato di pace tra i due gruppi.

Ad Asgard, Freya viveva in un bel palazzo chiamato Folkvangar (Campo della gente), che conteneva una grande sala chiamata Sessrumnir (Ricca di feste). Come le valchirie, Freya sorvegliava i campi di battaglia per trovare le anime dei valorosi. Viaggiava in un carro guidato da due gatti.

Quando i guerrieri venivano uccisi in battaglia, lei aveva diritto alla metà di queste anime; il resto apparteneva a Odino. Freya era la loro padrona di casa per i banchetti a Sessrumnir. A volte aspettava anche le anime degli eroi al Valhalla, la sala dei banchetti di Odino, insieme alle valchirie.

Freya era sposata con Od (scritto anche Ódr o Odur), di cui si sa poco altro, tranne che avevano una figlia chiamata Hnoss, che si diceva fosse bella e preziosa come un tesoro. Od era spesso in viaggio.

Quando lui non c'era più, Freya piangeva lacrime d'oro puro nella sua nostalgia di lui. A volte viaggiava alla ricerca di Od e adottò altri nomi, come Mardoll (splendente sul mare), Horn, Gefn, Syr e Vanadjs, tra le persone che incontrava mentre cercava suo marito.

Freya aveva la reputazione di avere avventure sessuali, per le quali veniva spesso rimproverata. A volte veniva chiamata "capra" a causa delle sue avventure, e la gigantessa Hyndla commentava che "molti hanno rubato sotto la tua cintura".

Poiché Freya era consumatamente desiderabile, era spesso pressata per i suoi favori. Il gigante che aveva costruito la cittadella degli dei aveva insistito su Freya come pagamento per il compito, e la dea rischiava di dover adempiere all'accordo finché non intervennero gli dei Loki e Thor. In un altro episodio, il gigante Thrym rubò il martello di Thor, Mjolnir, nel tentativo di scambiarlo con la mano di Freya. Thor, con l'aiuto di Loki, impersonò Freya per ingannare Thrym e recuperare il suo martello.

Freya amava i gioielli e gli ornamenti, e la sua proprietà più famosa era la collana Brisingamen. Le capitò di vedere i nani di Brising, che erano abili orafi, fare questa collana, e offrì loro una grande quantità d'oro per averla.

Ma i nani rifiutarono l'oro. Il loro prezzo era invece che lei passasse una notte con ognuno di loro. Lei accettò. In un racconto Loki rubò la famosa collana a Freya e la nascose nel mare in un posto chiamato Singastein. Loki si trasformò in una foca per poterla custodire. Il figlio di Odino,

Heimdall, l'eterno avversario di Loki, si trasformò anche lui in una foca e recuperò la collana per Freya

Alle donne di alto rango in Scandinavia veniva dato il titolo di Freya, o "Signora". Freya era considerata una divinità molto accessibile, comprensiva delle preghiere riguardanti gli affari di cuore, ed era nota per essere molto amante delle canzoni d'amore.

Domande di ricerca

---

1) Quante dee con grandi poteri ci sono nelle mitologie nordiche?
2) Quale pensi che sia la migliore arma che un dio nordico possa avere e perché?

Njord

Scritto anche Njorth, Niord o Njordr.

Dio del mare, del vento, della fertilità e patrono dei pescatori e dei marinai

Njord è una divinità associata alla ricchezza e alla fortuna che dominava il mare e il corso dei venti, e quindi la navigazione. I marinai lo invocavano perché desse loro viaggi sicuri e pesca abbondante.

I nordici credevano che Njord fosse così ricco da poter concedere grandi ricchezze, in terre e possedimenti, a coloro che lo pregavano. Essendo associato all'acqua e all'umidità, aveva anche il potere di spegnere gli incendi indesiderati.

Njord era il padre del bel dio Frey, che era anche associato alla ricchezza, e della bella dea della fertilità Freya. Sebbene fosse annoverato tra gli dei Aesir il cui capo era il guerriero Odino, Njord era originariamente uno degli dei Vanir associati alle società agricole.

Njord andò a vivere tra gli Aesir, nel loro regno celeste di Asgard, come parte di un accordo di pace tra i due gruppi in guerra. Portò con sé Frey e Freya.

Njord è stato talvolta confuso con Aegir, un altro dio del mare, che aveva una moglie chiamata Ran. Aegir potrebbe essere stata più importante nella prima mitologia norrena, ma al tempo dei vichinghi Njord aveva eclissato Aegir in importanza. Gli studiosi credono che Njord fosse la mascolinizzazione di una precedente dea della fertilità femminile chiamata Nerthus (Madre Terra), e questo potrebbe spiegare la storia che la prima moglie di Njord fosse sua sorella (Nerthus), dalla quale ebbe i suoi figli Frey e Freya.

Ad Asgard, Njord viveva in un grande palazzo chiamato Noatun (che significa "recinto delle navi"), e per una strana circostanza divenne il marito di una gigantessa di nome Skadi. Skadi era venuta ad Asgard per vendicare la morte di suo padre, Thiassi, che era stato ucciso dagli dei dopo aver rapito la dea Idunn.

Come riparazione per la morte di suo padre, gli dei si offrirono di far sposare Skadi con uno di loro. Ma non le fu permesso di vederli - dovette scegliere guardando solo i piedi degli dei. I piedi di un dio erano eccezionalmente belli, e lei lo scelse, pensando che fosse il bel Balder, ma in realtà quei piedi appartenevano a Njord.

Non era un modo di buon auspicio per iniziare un matrimonio, e infatti i due non erano del tutto compatibili. Secondo la 'Prosa (o Giovane) Edda', Njord amava la sua casa sul mare, ma Skadi preferiva il dominio di suo padre, Thrymheim, sulle montagne di Jotunheim (Giantland). Così inizialmente si accordarono per alternare le loro residenze, rimanendo nove notti a Thrymheim e poi nove a Noatun.

Quando Njord tornò a Noatun dal suo primo viaggio a Thrymheim, però, disse che odiava le montagne, con il rumore dei lupi che ululavano, e preferiva i suoi cigni al mare. Anche a Skadi non piaceva stare a Noatun, perché, diceva, le grida dei gabbiani la tenevano sveglia.

Così, dopo un po' di tempo Skadi tornò a vivere sulle montagne, dove le piaceva viaggiare sugli sci e sparare alla selvaggina con arco e frecce. Njord rimase quindi nel palazzo che amava in riva al mare, dove poteva governare tutto ciò che riguardava i marinai. "Il guanto di Njord" era un termine poetico norreno per indicare una spugna.

1) Chi è stato il dio o la dea che ti ha spaventato di più come studente di mitologia? Perché?
2) Se una persona media volesse diventare un dio o una dea della mitologia norrena, come farebbe?

Il tuo regalo

Hai un libro nelle tue mani.

Non è un libro qualsiasi, è un libro della Student Press Books! Scriviamo di eroi neri, donne che danno potere, mitologia, filosofia, storia e altri argomenti interessanti!

Dato che hai comprato un libro, vogliamo che tu ne abbia un altro gratis.

Tutto ciò di cui hai bisogno è un indirizzo e-mail e la possibilità di iscriverti alla nostra newsletter (il che significa che puoi cancellarti in qualsiasi momento).

Allora, cosa stai aspettando? Iscriviti oggi e richiedi il tuo libro gratis all'istante! Tutto quello che devi fare è visitare il link qui sotto e inserire il tuo indirizzo e-mail. Ti verrà inviato il link per scaricare subito la versione PDF del libro in modo da poterlo leggere offline in qualsiasi momento.

E non preoccupatevi - non ci sono fregature o costi nascosti; solo un buon vecchio omaggio da parte nostra qui a Student Press Books.

Visita subito questo link e iscriviti per ricevere la tua copia gratuita di uno dei nostri libri!

Link: https://campsite.bio/studentpressbooks

Libri

I nostri libri sono disponibili in tutti i principali rivenditori di libri online. Guarda i nostri pacchetti di libri digitali qui: https://payhip.com/studentPressBooksIT

La serie di libri dedicata alla Storia dei Neri.

Benvenuti nella serie di libri dedicata alla storia dei neri. Imparate a conoscere quali sono i punti di riferimento nel panorama nero con queste ispiranti biografie di pionieri e pioniere dell'America, dell'Africa e dell'Europa. Sappiamo tutti che la Storia Nera è importante, ma purtroppo può essere difficile trovare dei buoni materiali da leggere.

Molti di noi hanno familiarità con i più noti protagonisti della cultura popolare e dei libri di storia, ma in questi volumi verranno presentati anche anche uomini e donne neri meno conosciuti di tutto il mondo, le cui storie meritano di essere raccontate. Questi libri biografici vi aiuteranno a capire meglio come le sofferenze e le azioni delle persone hanno plasmato i loro paesi e le loro comunità per le generazioni a venire.

Titoli disponibili:

1. 21 leader neri ispiratori: Le vite di importanti personaggi influenti del 20° secolo: Martin Luther King Jr., Malcolm X, Bob Marley e altri
2. 21 donne nere eccezionali: Storie di donne nere influenti del 20° secolo: Daisy Bates, Maya Angelou e altre

La serie di libri Empowerment Femminile.

Benvenuti alla serie di libri Empowerment femminile. Imparate a conoscere le impavide icone femminili dei tempi moderni con le ispiranti biografie delle pioniere di tutto il mondo. L'empowerment femminile è un argomento importante che merita più attenzione di quanta ne riceva. Per secoli alle donne è stato detto che il loro posto era in casa, ma molte di loro si sono rifiutate di crederlo.

Le donne sono ancora poco rappresentate nei libri di storia, le poche che vengono nominate nei libri di testo di solito tendono ad essere relegate in poche righe. Eppure, la storia è piena di storie di donne forti, intelligenti e indipendenti che hanno superato gli ostacoli e cambiato il corso degli eventi semplicemente perché volevano vivere la loro vita.

Questi libri biografici ti ispireranno insegnandoti anche preziose lezioni sulla perseveranza e il superamento delle avversità! Impara da questi esempi che tutto è possibile se ci si impegna!

Titoli disponibili:

1. 21 donne eccezionali: Le vite delle intrepidi donne che hanno combattuto per la libertà superando tutti i confini: Angela Davis, Marie Curie, Jane Goodall e altre
2. 21 donne ispiratrici: Le vite di donne coraggiose e influenti del 20° secolo: Kamala Harris, Madre Teresa e altre
3. 21 donne fantastiche: Le ispiranti vite di artiste femminili del 20° secolo: Madonna, Yayoi Kusama e altre
4. 21 donne fantastiche: Le vite influenti di audaci donne di scienza del 20° secolo

La serie di libri Leader Mondiali.

Benvenuti nella serie di libri sui leader mondiali. Scopri i protagonisti Reali e i presidenti del Regno Unito, degli Stati Uniti e di altri paesi. Grazie a queste biografie dei Reali, dei Presidenti e dei Capi di Stato, imparerai a conoscere meglio chi sono le persone che hanno avuto il coraggio di guidare una nazione, il tutto correlato da citazioni, curiosità e immagini.

La gente è affascinata dalla storia, dalla politica e da coloro che l'hanno plasmata. Questi libri presentano nuove prospettive sulla vita di tali personaggi importanti. Questa serie è perfetta per chiunque voglia saperne di più sui grandi leader del nostro mondo: giovani lettori ambiziosi e adulti che amano leggere di persone interessanti.

Titoli disponibili:

1. Gli 11 reali britannici: La biografia della famiglia Windsor: la regina Elisabetta II e il principe Filippo, Harry e Meghan e altri
2. I 46 presidenti americani: Le loro storie, imprese e lasciti: da George Washington a Joe Biden
3. I 46 presidenti americani: Le loro storie, imprese e lasciti - Edizione estesa

La serie di libri Mitologia accattivante.

Benvenuti nella serie di libri Mitologia accattivante. Scopri gli dèi e le dee dell'Egitto e della Grecia, le divinità nordiche e altre creature mitologiche.

Chi sono questi antichi dèi e dee? Cosa sappiamo di loro? Chi erano veramente? Perché la gente li adorava nell'antichità e da dove venivano?

Questi libri presentano nuove prospettive sugli antichi dèi che ispireranno i lettori a considerare il loro posto nella società e a conoscere la storia.

Questi libri di mitologia prendono in considerazione anche fattori influenti come la religione, la letteratura e l'arte in un formato accattivante con foto e illustrazioni suggestive.

Titoli disponibili:

1. Antico Egitto: Una guida alle divinità egizie misteriose: Amon-Ra, Osiride, Anubi, Horus e altre
2. Antica Grecia: Una guida agli dèi, dee, divinità, titani ed eroi greci classici: Zeus, Poseidone, Apollo e altri
3. Antichi racconti norreni: Scopri gli dèi, le dee e i giganti dei vichinghi: Odino, Loki, Thor, Freia e altri

La serie di libri Teoria Semplice.

Benvenuti alla serie di libri Teoria Semplice. Scopri la filosofia, le idee dei filosofi antichi e altre teorie interessanti. Questi libri presentano le biografie e le idee dei filosofi più noti di luoghi chiave come l'antica Grecia e la Cina.

La filosofia è una materia complessa e molte persone fanno fatica a capirne anche solo le basi. Questi libri sono progettati per aiutarti ad imparare di più sulla filosofia e sono unici grazie al loro approccio semplice. Capire a fondo la filosofia non è mai stato così facile o divertente come in questo caso. Inoltre, ogni volume include anche delle domande in modo che tu possa scavare più a fondo nei tuoi pensieri e nelle tue opinioni!

Titoli disponibili:

1. Filosofia greca: Le vite e le idee dei filosofi dell'antica Grecia:
   Socrate, Platone, Pitagora e altri

2. Etica e morale: Filosofia morale, bioetica, sfide mediche e filosofi
   correlati

La serie di libri Empowerment dei giovani imprenditori

Benvenuti alla serie di libri dedicati all'Empowerment dei Giovani
Imprenditori. Non è mai troppo presto per i giovani ambiziosi per iniziare
a far carriera! Che tu sia un giovane dalla mentalità imprenditoriale che
sta cercando di costruire il proprio impero, o un aspirante imprenditore
che sta iniziando a risalire la strada lunga e tortuosa, questi libri ti
ispireranno con le storie di imprenditori di successo.

Scopri le loro vite, i loro fallimenti e successi che ti faranno venire voglia di
prendere il controllo della tua vita invece di viverla passivamente!

Titoli disponibili:

1. 21 Imprenditori di successo: Le vite di importanti personaggi
   influenti del 20° secolo: Elon Musk, Steve Jobs e altri
2. 21 Imprenditori rivoluzionari: Le vite di incredibili uomini d'affari
   del 19° secolo: Henry Ford, Thomas Edison e altri

La serie di libri Storia facile.

Benvenuto nella serie di libri Storia facile. Esplora vari soggetti storici
dall'età della pietra ai tempi moderni, più le idee e le persone influenti
che hanno vissuto nel corso dei secoli.

Questi libri sono un ottimo modo per farvi appassionare alla storia. Le
persone sono spesso scoraggiate da libri di testo pesanti e noiosi, ma
amano le storie delle persone comuni che hanno fatto la differenza nel
mondo. Questi volumi ti daranno l'opportunità di scoprire le loro storie
imparando importanti informazioni storiche.

Titoli disponibili:

1. La prima guerra mondiale: La prima guerra mondiale, le sue grandi battaglie, le persone e le forze coinvolte
2. La Seconda Guerra Mondiale: La storia della seconda guerra mondiale, Hitler, Mussolini, Churchill e altri protagonisti coinvolti
3. L'Olocausto: I nazisti, l'ascesa dell'antisemitismo, la Notte dei cristalli e i campi di concentramento di Auschwitz e Bergen-Belsen
4. La rivoluzione francese: L'Ancien régime, Napoleone Bonaparte e le guerre rivoluzionarie francesi, napoleoniche e della Vandea

I nostri libri sono disponibili in tutti i principali rivenditori di libri online. Guarda i nostri pacchetti di libri digitali qui:

https://payhip.com/studentPressBooksIT

Conclusione

Speriamo che la lettura di questo libro abbia dissetato la tua sete di conoscenza con tutti questi dettagli sugli antichi dèi nordici, le loro credenze e tradizioni!

Hai raggiunto la fine di questo racconto epico. Speriamo che tu abbia imparato una cosa o due su Odino, Thor e Loki. In caso contrario (o se semplicemente vuoi leggerlo di nuovo), riprendi in mano questo libro degli Antichi Racconti Nordici, prima o poi! Siamo sicuri cheimparerai qualcosa di nuovo ad ogni lettura!

Abbiamo molti altri titoli nel nostro catalogo, assicurati di controllarli tutti!

Hai letto questa lettura educativa? Cosa ne pensi? Faccelo sapere con una bella recensione del libro!

Ci piacerebbe molto, quindi assicurati di scriverne una!

www.ingramcontent.com/pod-product-compliance
Lightning Source LLC
Chambersburg PA
CBHW070535160726
48003CB00004B/1787